本书获得国家自然科学基金重点项目（72232001）、濟
学研究项目（GL21211）、福建省自然科学基金项目
大学"双一流"博士点建设专项经费的资助

税收政策与
企业融资策略研究

RESEARCH ON TAX POLICY AND FIRMS' FINANCING STRATEGIES

林智平 ◎ 著

经济管理出版社
ECONOMY & MANAGEMENT PUBLISHING HOUSE

图书在版编目（CIP）数据

税收政策与企业融资策略研究/林智平著 . —北京：经济管理出版社，2022. 12
ISBN 978-7-5096-8896-0

Ⅰ.①税…　Ⅱ.①林…　Ⅲ.①税收政策—关系—企业融资—研究　Ⅳ.①F810. 422
②F275. 1

中国版本图书馆 CIP 数据核字（2022）第 248532 号

组稿编辑：杜　菲
责任编辑：杜　菲
责任印制：许　艳
责任校对：蔡晓臻

出版发行：经济管理出版社
　　　　　（北京市海淀区北蜂窝 8 号中雅大厦 A 座 11 层　100038）
网　　址：www. E-mp. com. cn
电　　话：（010）51915602
印　　刷：唐山玺诚印务有限公司
经　　销：新华书店
开　　本：720mm×1000mm/16
印　　张：12. 25
字　　数：157 千字
版　　次：2023 年 1 月第 1 版　　2023 年 1 月第 1 次印刷
书　　号：ISBN 978-7-5096-8896-0
定　　价：78. 00 元

总　序

　　南昌大学是国家"双一流"计划世界一流学科建设高校，是江西省唯一的国家"211工程"重点建设高校，是教育部与江西省部省合建高校，是江西省高水平大学整体建设高校。2014年5月，南昌大学管理学院成立，学院由管理科学与工程、图书情报与档案管理、信息管理与信息系统三个老牌学科组成。管理科学与工程学科，具有从本科专业、一级学科硕士学位授权点到一级学科博士学位授权点、博士后流动站的完整体系，是江西省"十二五"重点学科。因此，在学科建设方面，管理学院在设立之初就奠定了雄厚基础。

　　南昌大学管理学院第一任领导班子中，彭维霞书记雷厉风行，涂国平院长沉着稳重。在他们的带领下，管理学院迈入了发展新征程，在教学、科研、社会服务、人才培养等方面均取得了显著成效。2019年，感谢组织信任、领导推荐和同事支持，本人有幸成为管理学院的第二任院长。感恩于前辈打下的基础，我辈少了筚路蓝缕的艰辛，却多了任重道远的压力；得益于前辈创设的体制，我辈继承了艰苦奋斗与稳健发展的精神，却也感受到了更多对于创新发展的期盼。

　　当前，管理学院存在规模小、底子薄、知名度不高的问题，南昌大学管理科学与工程学科在学科排名中落后于诸多"985"高校的相关学科。为此，本人时常思考如何推动学院奋起直追、实现跨越式发展，颇有心得。

学科建设是学院发展之本。2017 年，我国开始统筹推进世界一流大学和一流学科建设，南昌大学仅有 1 个学科入列。管理科学与工程学科，离"世界一流"这一目标还有遥远距离。但是，"双一流"建设为管理学院管理科学与工程学科的发展指明了方向，并带来了机遇。管理学院的追赶式发展，需要以学科建设为抓手，在学科带头人与学科团队建设、科研平台与教学基地建设、高质量和有特色的学科品牌建设等方面做文章、争成效。

学术研究是学院发展之基。学术研究能力是学科发展的硬实力。在学校排名、学科评估、学术资源配置等方面，学术研究成果一直都是关键业绩指标。全面提升学院教师的学术研究能力、专心打造具有国际和国内影响力的高水平科研成果，是管理学院突破话语权壁垒、实现跨越式发展的战略要点。在学院内培养学术意识、推广研究型文化、引导和激励卓越研究成果的诞生，应该始终作为学院科研管理工作的重心。

人才培养是学院发展之魂。高校，是高级人才培养的重要基地。人才培养，包括学生的培养，也包括学者的培养。大学之魂，不在"大"，而在"学"——学生、学者与学术，共同构成了大学。因此，管理学院的未来发展，既寄托在优秀在校生的培养以及优秀毕业生的回馈之上，也寄托在培育大师、培养国家级与省级拔尖人才、引进具有学术追求和研究能力的青年学者之上。学院是全体师生的学院，需要全体师生的共同努力，也希望能够成为全体师生共同成长的沃土。

思想宣传是学院发展之路。南昌大学管理学院，一直都在"默默无闻"地发展。然而，作为哲学社会科学的一员，管理学科也理应承担反映民族思维、发扬精神品格、宣传思想文化、服务国家智库、繁荣社会发展的使命。很多高校的经济与管理学院之所以能在学校发展中举足轻重，也正是因为占领了思想宣传和服务社会的高地。南昌大学管理学院，需要领会习近平主席在哲学社会科学工作座谈会上的讲话精神，加强和改进宣传思想文化工作，全心培养"文化名家"、"四个一批"人才和"宣传思想文化青年英才"，在思想宣传和社会服务方面勇创佳绩。

品牌塑造是学院发展之志。高校之间的竞争，不亚于企业竞争，品牌塑造同样是高校之间竞争制胜的重要法宝。南昌大学管理学院，亟需在人才培养、学术研究、社会服务等各方面提升能力、培育优势、凝练特色、塑造品牌，走差异化发展道路，才有可能"变道超车"，实现跨越。加强品牌塑造，既需要高水平学术研究成果和大师级学者等硬实力作为支撑，也需要特色、文化、制度改革等方面的软实力提供支持。

正是基于上述考虑，本人在担任管理学院院长之后，开始着手规划和布局，而这套"南昌大学管理科学与工程博士点学术研究丛书"的组织出版，正是学院围绕学科建设、学术研究、人才培养、思想宣传和品牌塑造等目标而实施的一项集体行动。希望能通过丛书出版，加强南昌大学管理学院的学术传播与品牌推广，激励管理学院全体教师的学术研究与成果发表，为南昌大学管理科学与工程学科的建设做出贡献。

在此，感谢南昌大学对管理学院发展的重视，并将管理科学与工程博士点列入学校学科建设的支持项目，学校的经费支持资助了本套丛书的出版；感谢管理科学与工程系师生的辛勤工作与创造性努力，本套丛书所发表的研究成果都是他们学术探索的劳动结晶，是他们的工作促成了本套丛书的顺利出版。

本套丛书包括 15 本学术专著。它们可以归纳为科技创新与知识管理、农业经济与生态管理、系统动力学、物流与供应链管理、政府政策与社会管理 5 个方向。

科技创新与知识管理方向，包括喻登科教授的《科技成果转化知识管理绩效评价研究》、《知性管理：逻辑与理论》，陈华教授的《科技型中小企业协同创新策略研究》，罗岚副教授的《重大工程复杂性与治理研究》以及林永钦副教授的《可持续食物消费模式：基于综合足迹的研究》。

农业经济与生态管理方向，包括徐兵教授的《城乡协调发展下中部地区农村经济系统重构》，傅春教授的《绿色发展蓝皮书》，毛燕玲教授的《非营利性农村基础设施融资机制》以及邓群钊教授的《基于承载力的排污权组合分配研究》。

系统动力学方向，包括刘静华教授的《农业系统动力学》和祝琴副教授的《系统动力学建模与反馈环分析理论与应用研究》。

物流与供应链管理方向，包括徐兵教授的《农产品供应链运作与决策——基于 PYO 模式的研究》以及谢江林副教授的《资金约束供应链系统分析与决策》。

政府政策与社会管理方向，包括石俊博士的《政府财政支出与经济高质量发展》和林智平副教授的《税收政策与企业融资策略研究》。

这 5 个方向基本囊括了南昌大学管理学院管理科学与工程学科的主要研究领域。我们在硕士与博士的招生与培养、学术团队与学科建设等方面，都主要是从这几个研究方向加以推进。其中，系统工程与系统动力学是南昌大学管理科学与工程学科的特色方向。

欢迎对这些研究方向感兴趣的学者与同行来南昌大学管理学院交流，欢迎对相关领域有需求的企业提供合作机会，欢迎在这些研究方向有发展潜力的青年博士能加入我们的研究队伍，欢迎有志于从事这些方向研究的同学能够报考南昌大学管理科学与工程专业的硕士与博士。南昌大学管理学院将始终秉承开放创新的理念，欢迎你们的交流与指导，也接受你们的批评与指正。

正因为有你们的支持，我相信，南昌大学管理学院会越办越好。

南昌大学管理学院院长

2020 年 4 月 20 日

前　言

一、撰写背景

在过去的几十年里，供应链管理理论和实践取得了长足的进步，物流、信息流和商流问题已逐渐得到解决，资金流问题逐渐成为制约供应链企业发展的瓶颈。在激烈的竞争环境中，充足的资金流对于企业的生存和发展越来越重要，资金不足会制约企业的正常运营，导致企业不能生产或订购足够多的产品来满足市场需求，从而降低供应链的效率甚至使整个供应链断裂。

供应链的上下游都可能存在资金不足的情况。当下游企业存在资金约束时，会有两种短期融资渠道：一是银行信用，即从银行直接贷款；二是贸易信用，即该资金约束企业的上游企业允许其以一定的利息延迟支付货款。当上游企业存在资金约束时，也会有两种短期融资渠道：一是银行融资，即下游的核心企业帮助上游的资金约束供应商来获得银行贷款；二是买方融资，即下游的核心企业直接向供应商提供贷款融资以满足供应商的正常生产。

对于很多企业来说，税收是其最大的一项支出。不同税率和税制都会影响企业的运作和融资决策。就企业所得税来说，当企业的利润小于等于零时，企业是不用缴纳企业所得税的，只有在企业盈利时才要缴纳企业所得税，即企业所得税的缴纳对于企业是非对称性的。同时，营业税改增值税（以下简称营改增）也会影响企业的决策。由于营业税以营业总额为应税对象，存在着重复征税、抵扣中断等问题；而增值税以增值额为应税对象，具有税不重征、税收中性等优点。所以税制的变化必然会影响企业的决策及其利润。另外，为了充分利用发展中国家的低成本生产优势和提高核心竞争力，很多设备制造商把其制造（组装）业务外包给合同制造商。综上所述，本书研究以下三个问题：

（1）破产成本和企业所得税如何影响资金约束供应链的决策及其利润？

（2）营改增如何影响资金约束供应链的融资均衡及其供应链效率？

（3）采购策略如何影响资金约束供应链的决策及其融资选择？

二、本书的撰写思路及设计

本书以上下游企业的资金不足和供需的不确定性为两条主线，分析资金约束供应链的融资和运作决策。可以根据下游企业的资金不足和上游企业的资金不足，或者需求不确定和供给不确定分为两大部分，其中第一部分又可以根据不同的税收政策（企业所得税和营改增）分为两个部分。所以可以把本书的研究内容分为以下三个部分：

（1）为了重点研究破产成本和企业所得税对资金约束供应链决策的影响，假设企业只能向银行贷款，即只考虑银行信用的情况。考虑由一个上游制造商和一个下游资金约束零售商组成的一个二级供应链，其中需求是随机的，分别研究当批发价是外生和内生的情况，并讨论模型参数对供应链参与者决策及其利润的影响。

（2）为了重点研究营改增对融资均衡的影响，本书不考虑破产成本和企业所得税，只关注营改增对供应链决策及其效率的影响。考虑由一个上游生产性服务商和一个下游资金约束制造商组成的一个二级供应链，其中需求是随机的，分别研究不同信用和不同税制下的供应链决策和最优利润，并比较了营改增对融资均衡的影响及供应链效率的影响。

（3）当上游企业资金不足时，研究下游核心企业的采购策略对供应链决策及其利润的影响。考虑由一个上游资金约束供应商、一个合同制造商和一个下游核心设备制造商组成的一个三级供应链，其中供应商的零件产品质量是不确定的，即供给是不确定的，分别研究不同融资和采购策略下的最优产品质量和供应链利润，并分析企业应该如何选择融资和采购策略。

三、本书主要特色

本书综合考虑了银行信用、贸易信用、银行融资和买方融资四种短期融资渠道。把破产成本、税收收入和代理成本（资本市场是不完美的）引入资金约束供应链的研究中来。本书的研究结合了供应链管理、财务会计和金融学的理论知识，通过建立博弈模型，得到了供应链运作和融资的联合最优决策。本书的研究成果可以为企业的决策和国家政策的制定提供借鉴。

（1）在资金约束供应链中同时引入破产成本和企业所得税。

研究了破产成本和企业所得税如何影响供应链的决策及其利润。结果显示，零售商的最优订购量不仅依赖其内部资本水平，而且依赖恢复率和企业所得税税率。当考虑企业所得税时，资金约束零售商的债务既有利于其本身，又有利于其上游的制造商。特别地，当企业所得税税率较大时，零售商的订购量和制造商的利润都会比在经典报童模型下大。本书的研究弥补了现有资金约束供应链研究中忽视企业所得税因素的局限性。

（2）考虑了税制的变化（营改增）对资金约束供应链融资均衡的影响，并探讨了营改增对供应链效率的影响。当下游的制造商资金不足时，营改增可以增加制造商的订购量和服务商的利润，且可以提高供应链效率。这在一定意义上支撑了国家营改增的合理性。本书的研究可以为国家政策的制定提供一些借鉴。国家在制定相关的税收政策时，必须要充分考虑银行贷款利率的水平，协调好财务部门和金融部门之间的关系，这样才能调动企业的积极性，从而增加供应链的绩效及全社会的福利。本书的研究将税制的变化引入供应链的研究，扩展了供应链决策的研究视角。

（3）在资金约束供应链中引入了代理成本。在委托采购策略下，可以把设备制造商看作委托人，而把合同制造商看作代理人，这样必然会产生代理成本。当存在代理成本时，资本市场是不完美的，这样企业的运作决策就和融资决策相关了。本书的研究可以为企业的采购决策和融资选择决策提供借鉴。下游核心企业在选择融资和采购策略时，要权衡好产品质量和其本身利润之间的关系。本书的研究弥补了资金约束供应链对代理成本的研究。

四、致谢

本书是南昌大学管理科学与工程博士点学术研究丛书，获得南昌大学"双一流"博士点建设专项经费资助，对学校的资金支持表示感谢。

由于作者水平有限，编写时间仓促，所以书中错误和不足之处在所难免，恳请广大读者批评指正。

林智平

2022 年 9 月 1 日

目　录

第 1 章
绪　论

　　以互联网、大数据和云计算为代表的信息技术正在猛烈冲击着传统企业，为了快速、准确地满足消费者需求，最大限度地整合社会资源，企业必须高度重视供应链和供应链管理。供应链是指供应商、制造商、分销商、零售商和消费者组成的集合，企业之间相互依存、相互影响，其各个环节通过物流、信息流和资金流彼此相连。关于供应链管理的定义有很多种，本书引用香港利丰研究中心的定义：供应链管理就是把供应链最优化，以最小的成本完成从采购到满足最终顾客的所有流程，要求上述工作流程、实物流程、资金流程和信息流程均有效地运行。

1.1　研究背景

　　在过去的几十年里，供应链管理理论和实践取得了长足的进步，物流、信息流和商流问题已经得到解决，资金流问题逐渐成为制约供应链企业发展的瓶颈（宋华，2015）。众所周知，资金不足是中小型企业破产的重要原因（Burkart 和 Ellingsen，2004）。例如，2009 年电力零售巨头 Circuit City 破产的一个重要原因就是没有充足的资金流（Cai 等，2014）。小微企业的生存和发展常常受到融资难的困扰（Zhong 等，2017）。2020 年 5 月 8 日，全国工商联、国家金融与发展实验室和蚂蚁集团研究院联合发布的《2019—2020 小微融资状况报告》显示，2019 年，有 44.2% 的小型企业及 71.6% 的微型企业和个体经营者存在融资需求。

在激烈的竞争环境中，充足的资金流对于企业的生存和发展越来越重要，资金不足会制约企业的正常运营，导致企业不能生产或订购足够多的产品来满足市场需求，从而降低供应链的效率甚至使整个供应链断裂。从莫迪尼亚尼—米勒（Modigliani-Miller，M&M）理论可知，在一个完美资本市场中（无破产成本或交易成本、无税收、无代理成本，且信息对称），企业的运作决策和融资决策是可以分开的（Modigliani 和 Miller，1958）。但是，考虑破产成本、税收或代理成本会改变 M&M 理论的假设前提，这样，企业的运作决策就会与融资决策相关了（Harris 和 Raviv，1991；Xu 和 Birge，2004；Kouvelis 和 Zhao，2011）。没有考虑资金约束的问题，企业制定出来的决策很有可能是次优的（Zhong 等，2017）。

1.1.1　下游企业资金约束

当下游企业存在资金约束时，会有两个短期融资渠道：一是银行信用，即从银行直接贷款；二是贸易信用，即该资金约束企业的上游企业允许其以一定的利息延迟支付货款（Cai 等，2014）。

　　当下游的企业存在资金不足时，企业可以向银行申请短期融资，即银行信用。根据 Katehakis 等（2016）的研究，美国的 Wells Fargo 银行已经跟很多不同行业的公司建立了关系。这些行业包括服装行业、家电行业、体育用品行业、玩具和游戏行业以及食品和工业行业。例如，很多小企业都属于季节性的公司，特别是在零售业。如果一家企业大部分的销售都发生在节日期间，则它可能需要在节日假期之前向银行申请贷款，以便为该节日假期准备大量的库存。如果在销售周期结束时，其销售收入不能完全支付其债务总额，它就会宣布破产。这时银行就取得了该企业的所有权，即有权来处理该企业的资产。由于信息不对称和相关的协调问题，银行需要支付必要的破产成本来获得企业的实际价值。破产成本包括行政成本，如支付给会计师和律师的费用，还有已实现销售额的损失（Kouvelis 和 Zhao，2011）。

　　由于不完善的金融市场体系和较为脆弱的银行企业关系，发展中国家的企业常常很难从银行获得足够的贷款，尤其是中小型企业。自 2016 年以来，尽管民营企业产出贡献了我国 GDP 的 60% 以上，但其获得贷款仅占总贷款的 35% 左右（梅冬州等，2021）。对浙江省中小企业的调查发现，银行融资渠道不畅通是造成资金短缺的重要原因（吴宗曦和李华燊，2009）。所以，贸易信用就成为企业短期融资的重要渠道了（Petersen 和 Rajan，1997；Burkart 和 Ellingsen，2004）。比较典型的贸易信用合约是供应商提前付款折扣（Supplier Early Payment Discount，或称 Two-part Terms）（Kouvelis 和 Zhao，2012；Yang 和 Birge，2018）。这种合约形式允许零售商在给定的时间窗口里付款，且付款时间越早，折扣越多。如"2/10，净 30"，即贸易信用的贷款必须在 30 天内还清；但是，如果在 10 天内还清，则有 2% 的折扣。还有一种类型是没有折扣的还款形式（Open Account Financing，或称 Net Terms）（Kouvelis 和 Zhao，2012；Yang 和 Birge，2018），即要在规定的时间窗口内偿还贷款，而没有考虑折扣。

根据国家统计局发布的 2022 年 1~6 月全国规模以上工业企业利润报告，截至 2022 年 6 月末，我国规模以上工业企业应收账款（贸易信用）达到 20.19 万亿元。贸易信用不仅在金融体制不完善的发展中国家起着重要的作用，而且在金融体系完善的发达国家也扮演着重要的角色。在美国非金融企业的总资产负债表中，应付账款（贸易信用）是银行贷款的 3 倍，是企业商业票据总额的 15 倍（Barrot，2016）。Atanasova 和 Wilson（2003）指出，大多数企业既是贸易信用的提供者，又是贸易信用的需求者，同时，超过 80% 的英国企业使用贸易信用。对于资金流充足且与银行关系良好的大企业，贸易信用也是其重要的融资运作活动。例如，世界上最大的零售商 Walmart，其由贸易信用得到的融资资金比从银行信用得到的融资资金多，且其应付账款（贸易信用）是所有股东投资资本总额的 8 倍（Tsao，2013）。

1.1.2 上游企业资金约束

当上游企业存在资金约束时，也会有两个短期融资渠道：一是银行融资，即下游的核心企业帮助上游的资金约束供应商来获得银行的贷款；二是买方融资，即下游的核心企业直接向供应商提供贷款融资以满足供应商的正常生产（Deng 等，2018）。

当供应商面临资金困境时，很多下游的核心企业常常会帮助供应商来获得银行的贷款。例如，自 2012 年起，波音公司已经加入了由美国进出口银行担保的供应链融资项目，该项目允许大量的小型供应商从其联营银行获得负担得起的贷款①。一个特别的银行融资形式就是订单融资。我国越来越多的商业银行（如招商银行、建设银行）都推出了订单融资业务。订单融资是指贷款企业凭借信用良好的买方产品订单，在技术成熟和生产能力有保障的条件下，由银行提供专项贷款，供企业购买原材料进行生产，企业在得到货款后立即偿还贷款的业务。订单融资的主要风险是供应商的产品供给风险，即供应商不能按照买方的要求按时按质将产品成功交付给买方，这里的成功交付可以理解为产品的质量和可持续性满足买方的要求（Tang 等，2018）。

相反，很多下游的核心企业也给其上游的供应商提供买方融资。这里要区别买方融资和贸易信用。贸易信用是上游的企业提供信用给下游企业，而买方融资是下游的核心企业提供融资给上游企业。2013 年，华为向其优质供应商提前支付的货款累计接近 10 亿美元（王艺明等，2011）。在农业供应链中，很多电商平台都推出了面向上游农户的买方融资，如京东金融的京农贷和阿里巴巴的旺农贷。而在服装部门，恒宝企业控股为其供应商采购面料，并将采购成本视为供应商的计息贷款（Tang 等，2014）。

1.1.3　税收政策对企业决策的影响

对于很多企业来说，税收是其最大的一项支出（Webber，2011）。Desai 等（2007）指出，归功于对现金流税收的要求，政府实际上成为大多数企业最大的股东。很多跨国企业逐渐认识

---

① Boeing. Boeing, Citi start export-import bank supplier financing program［EB/OL］．［2012-09-08］Available from：http：//boeingmediaroom. com/2012-02-17-Boeing-Citi-Start-Export-Import-Bank-Supplier-Financing-Program.

到，整合国际税收计划和全球供应链管理（称为有效税收供应链管理）是很重要的（Hsu 和 Zhu，2011）。根据 Dyreng 等（2008）的研究，美国的企业所得税的支付占其税前收入的 20%~40%。同时，世界上有很多税收友好型的国家和地区，如瑞士、中国香港、新加坡、马来西亚、爱尔兰、塞尔维亚、保加利亚和塞浦路斯等（Shunko 等，2017）。所以，很多跨国企业把其经营活动从企业所得税高税率的地区转移到低税率的地区（Webber，2011）。在美国的 2018 年税收改革法案中，总统特朗普将美国企业所得税税率从 35% 下调至 21%，以鼓励美国企业回到本国并吸引新的企业到美国经营。

值得注意的是，当企业的利润小于等于零时，企业是不用缴纳企业所得税的，只有在企业盈利时才需要缴纳企业所得税，即企业所得税的缴纳对于企业是非对称性的。同时，当企业进行债权融资时，企业所得税是有利于借贷的。因为债务融资成本（利息）是在税前支付的，当扣除贷款的利息后，其应纳税额就会相应地减少，所以相比没有借贷时，其缴纳的企业所得税会更少，即税盾效应（Tax Shield Effect）（Modigliani 和 Miller，1963；岳树民和肖春明，2017；谢家平等，2018）。

还有，我国财政部和国家税务总局从 2016 年 5 月 1 日起在全国范围内全面推开营业税改征增值税（以下简称营改增）试点，服务业是其中改革试点的主要行业，即服务业由营改增之前的缴纳营业税改为营改增之后的缴纳增值税。由于营业税以营业总额为应税对象，存在着重复征税、抵扣中断等问题；而增值税以增值额为应税对象，所以具有税不重征、税收中性等优点（顾乃华等，2006）。所以税制的变化必然会影响企业的决策及其利润，研究营改增是否有利于服务业（尤其是生产性

服务）的发展、是否有利于企业决策、有利于供应链效率就很
有意义了。

1.1.4 模糊的企业采购选择

为了充分利用发展中国家的低成本生产优势和提高核心竞争
力，很多设备制造商把其制造（组装）业务外包给合同制造商。
2014 年，美国 IT 业务和商业业务外包的总值达到 5070 亿美元
（陈敬贤和梁樑，2018）。这种生产模式在经济全球化的今天扮演
着越来越重要的角色。

同时，设备制造商常常也需要从零件供应商采购产品制造所
需要的原材料或零部件。一些设备制造商仍然控制着零件的采
购，且仅仅将制造业务托付给合同制造商（称为控制策略），而
其他制造商则把零部件的采购业务委托给合同制造商（称为委托
策略）（Kayis 等，2013；Xu 等，2018）。例如，大型的电子公司
（苹果、戴尔等）就把零部件的采购业务委托给富士康、伟创力
和仁宝等合同制造商（Bolangifar 等，2016；Wang 等，2014）。
相反地，Boeing 却发布一个零件采购计划来直接与其紧固件供应
商协商合同，而不是通过其第一链条上的制造商来集中采购零件
（Bolangifar 等，2016）。2006 年，Walmart 开始直接与种植有机
棉花的农民签订合同从而获得环境友好型的产品，但经过一段时
间后，又把其采购责任委托给其上游的直接供应商（Kayis 等，
2013）。

Lee 和 Tang（1998）指出，委托采购可以减少成本和延迟及
运输中固有的库存成本。但是，控制采购策略也许可以保证产品
的质量，且可以将产品及时送达给下游的企业（Amaral 等，
2006）。Amaral 等（2006）指出，在委托策略下，合同制造商可

以制定与设备制造商不同的对供应商的支付策略，从而合同制造商可以控制供应商的现金流，如延迟支付货款给供应商，并利用有关供应商价格的信息得到供应商的让步。

综上所述，当下游企业资金不足时，上游企业或银行贷款给下游企业的风险主要来自需求的不确定性。因为当需求不足时，债务企业就会有破产的风险，从而产生破产成本。同时，税收政策也会对供应链的决策造成影响。当上游企业资金不足时，下游核心企业或者银行贷款给上游企业的风险则主要来自供给的不确定性。同时，不同的采购策略也会对供应链的决策造成影响。所以，本书主要有以下三个研究问题：

（1）破产成本和企业所得税如何影响资金约束供应链的决策及其利润？

（2）营改增如何影响资金约束供应链的融资均衡及其供应链效率？

（3）采购策略如何影响资金约束供应链的决策及其融资选择？

1.2　研究意义

开展税收政策和采购策略对资金约束供应链决策的影响研究，具有理论意义和实践意义。

1.2.1　理论意义

由于金融市场体系的不完善及银行和企业之间相对脆弱的关系，我国的很多企业（尤其是中小型企业）常常很难直接从银行贷到充足的资金。虽然我国出台了很多帮助企业融资的措施和政策，但这些宏观金融制度的支持，要真正解决我国企业融资难的问题还需要很长的一段时间。所以基于供应链视角的融资模式研究可以在一定程度上解决企业融资难的问题。由 M&M 理论可知，在一个完美的资本市场中，企业的融资决策和运作决策是无关的。但是，考虑破产成本、税收和代理成本会破坏 M&M 理论的前提假设，从而使融资决策和运作决策是相关的。本书研究了破产成本、税收收入和代理成本如何影响资金不足供应链的决策问题，对资金约束供应链的理论研究进行了补充。

（1）在供应链视角下，研究企业所得税和营改增对企业决策的影响丰富了供应链应用的理论研究。特别地，研究企业所得税和破产成本如何影响资金约束供应链的决策问题，补充了资金约束供应链的理论研究。同时，本书研究营改增如何影响供应链的决策可以对现阶段我国的财税体制改革提供一些理论支持。

（2）现有研究更多的是针对下游企业资金不足的情况，即考虑贸易信用和银行信用，而对上游企业资金不足的情况研究则相对更少，特别是考虑银行融资和买方融资的研究较少，而本书对银行融资和买方融资的研究丰富了资金约束供应链的理论研究。此外，委托采购策略会存在代理成本，对代理成本的研究丰富了资金约束供应链的理论研究。

1.2.2 实践意义

企业常常会面临资金不足的困境。面对着国内外形势的变化，解决好企业的融资问题不仅关系着企业自身的生存发展，而且关系整个经济社会的发展。融资问题已经成为制约企业发展的主要瓶颈。当税收政策发生变化时，企业如何调整其决策就很重要，企业要根据税收政策的变化来进行决策的制定。在当前紧张的国际贸易背景下，国家如何调整其税收政策显得尤为关键。合理的税收政策不仅可以增加企业投资的意愿，增强企业创新的热情，而且可以充分吸引外资的进入，从而增加整个社会的福利，促进我国经济的发展。

（1）企业所得税是企业的一项重要支出，企业所得税税率的大小影响企业的决策。此外，当资金约束企业不能偿还银行的贷款时，企业就会破产，金融机构或债权企业就要承担一定的破产风险，所以破产成本会影响银行贷款利率的制定，从而影响整个供应链的决策。研究企业所得税和破产成本如何影响资金约束供应链的决策问题可以为企业的决策制定提供一些建议。

（2）营业税税制具有重复征税、抵扣中断的特点，而增值税税制具有税不重征、税收中性的特点。税制的变化对企业及供应链的决策造成影响。本书的研究给企业如何应对税制的变化提供了一些建议，特别是在企业资金不足的情况下，同时可以为政府相关部门的政策制定提供一些借鉴。

（3）对于供应链融资选择的研究，可以给企业的决策提供建议，既能在一定程度上规避风险（供需不确定性），也能提高整个供应链的融资效率及运作效率，从而增加整个供应链的绩效。此外，当下游核心企业在选择采购和融资策略时，常常会遇到不能同时达到利润和产品质量最大化的目标，本书对采购策略选择的研究可以给企业在不同环境下的决策提供建议。

1.3 研究内容及方法

1.3.1 研究内容

本书的主要研究内容如图 1-1 所示。

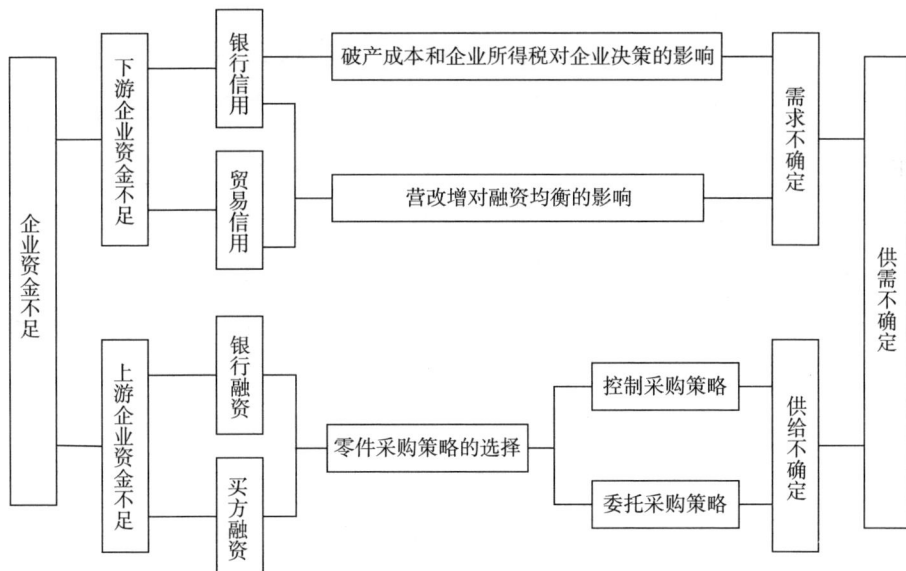

图 1-1 本书研究内容

根据前文的描述，本书以上下游企业的资金不足和供需的不确定性为两条主线，分析资金约束供应链的融资和运作决策。本书的研究可以根据下游企业的资金不足和上游企业的资金不足，或者需求不确定和供给不确定分为两大部分，其中第一部分又可以根据不同的税收政策（企业所得税和营改增）分为两小部分。所以可以把本书的研究内容分为三个部分，分别为：

（1）为了重点研究破产成本和企业所得税对资金约束供应链决策的影响，假设企业只能向银行贷款，即只考虑银行信用的情况。考虑由一个上游制造商和一个下游资金约束零售商组成的一个二级供应链，其中需求是随机的，分别研究当批发价是外生和内生的情况，并讨论模型参数对供应链参与者决策及其利润的影响。

（2）为了重点研究营改增对融资均衡的影响，本书不考虑破产成本和企业所得税，而只关注营改增对供应链决策及其效率的影响。考虑由一个上游生产性服务商和一个下游资金约束制造商组成的一个二级供应链，其中需求是随机的，分别研究不同信用和不同税制下的供应链决策和最优利润，并比较了营改增对融资均衡的影响及供应链效率的影响。

（3）当上游企业资金不足时，研究下游核心企业的采购策略对供应链决策及其利润的影响。考虑由一个上游资金约束供应商、一个合同制造商和一个下游核心设备制造商组成的一个三级供应链，其中供应商的零件产品质量是不确定的，即供给是不确定的，分别研究不同融资和采购策略下的最优产品质量和供应链利润，并分析企业应该如何选择融资和采购策略。

1.3.2　研究方法

本书以银行信用、贸易信用、银行融资和买方融资的博弈模型构建为主要内容，在理论分析的基础上强调管理、会计财务、金融等交叉分析在博弈论模型的框架里结合优化理论和数值计算方法进行研究。

博弈论已经成为供应链管理中普遍应用的一种方法了，特别是 Stackelberg 博弈。一般来讲，供应链权力较大的企业会作为 Stackelberg 领导者，而供应链权力较小的企业会作为 Stackelberg 跟随者。所以当下游企业资金不足时，上游的核心企业会是 Stackelberg 领导者，而当上游企业资金不足时，下游的核心企业会是 Stackelberg 领导者。

由于企业都是追求利润的，所以在求解供应链参与者的均衡解时，都要求解企业的最优决策。此外，本书假设资金不足企业是有限责任的，即利润都要求不小于零，所以会经常遇到有约束的最优化问题和无约束的最优化问题，这些问题需要应用优化理论来解决。

有时为了更直观地表达本书的一些重要结论，就需要利用 Matlab 和 Mathematica 来做图；当无法得到解析解时，也需要利用 Matlab 来进行数值计算。

本书的研究技术路线如图 1-2 所示。

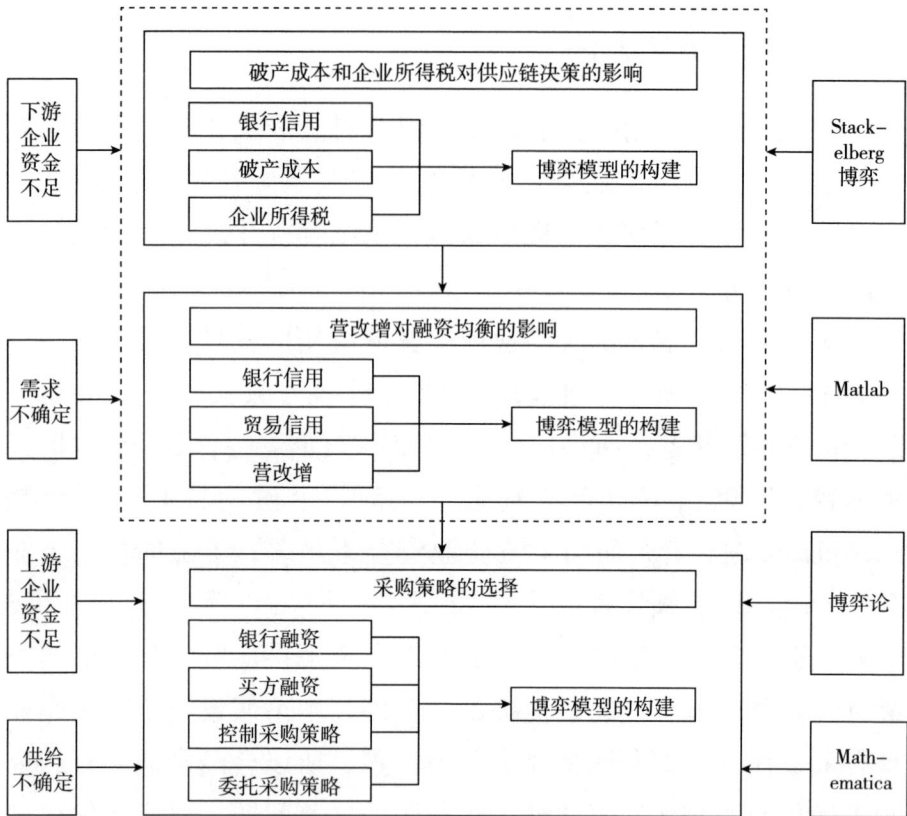

图 1-2　研究技术路线

1.4　研究思路与路线图

根据本书的研究内容和研究方法，把下游企业资金不足的情况和上游企业资金不足的情况分为两大部分，分别对应的是需求不确定和供给不确定两个因素。本书依照这样的逻辑安排分为6章，具体如下：

第1章是绪论，介绍研究背景及意义，阐述研究内容及方法，最后描述结构安排。

第2章是文献综述，首先回顾融资和运作联合决策的重要性，接着分别从下游资金约束企业的短期融资手段：银行信用和贸易信用，和上游资金约束企业的短期融资手段：银行融资和买方融资，来说明企业的融资选择策略。其次，回顾税收对企业决策的影响及企业的采购策略选择，最后，总结供给风险管理的相关文献。

第3章是破产成本和企业所得税下企业最优策略，研究了当考虑破产成本和企业所得税时，资金约束供应链的决策问题。分别从外生批发价的情形和内生批发价的情形来研究供应链参与者的最优决策及各种参数对决策和利润的影响。

第4章是税制营改增下资金约束制造商的最优融资策略，分别考虑了营业税税制和增值税税制下资金约束供应链对银行信用和贸易信用的融资选择，并研究了营改增对供应链效率的影响及意义。

第5章是资金约束供应链下的零件采购策略，考虑了当上游企业资金不足，供应链参与者分别在四种不同的融资和采购策略下的最优决策，并研究了融资和采购策略对决策和利润的影响。

第6章是结论与展望，首先回顾研究内容及结论，其次总结研究创新点，最后提出未来的研究问题。

本书结构安排如图1-3所示。

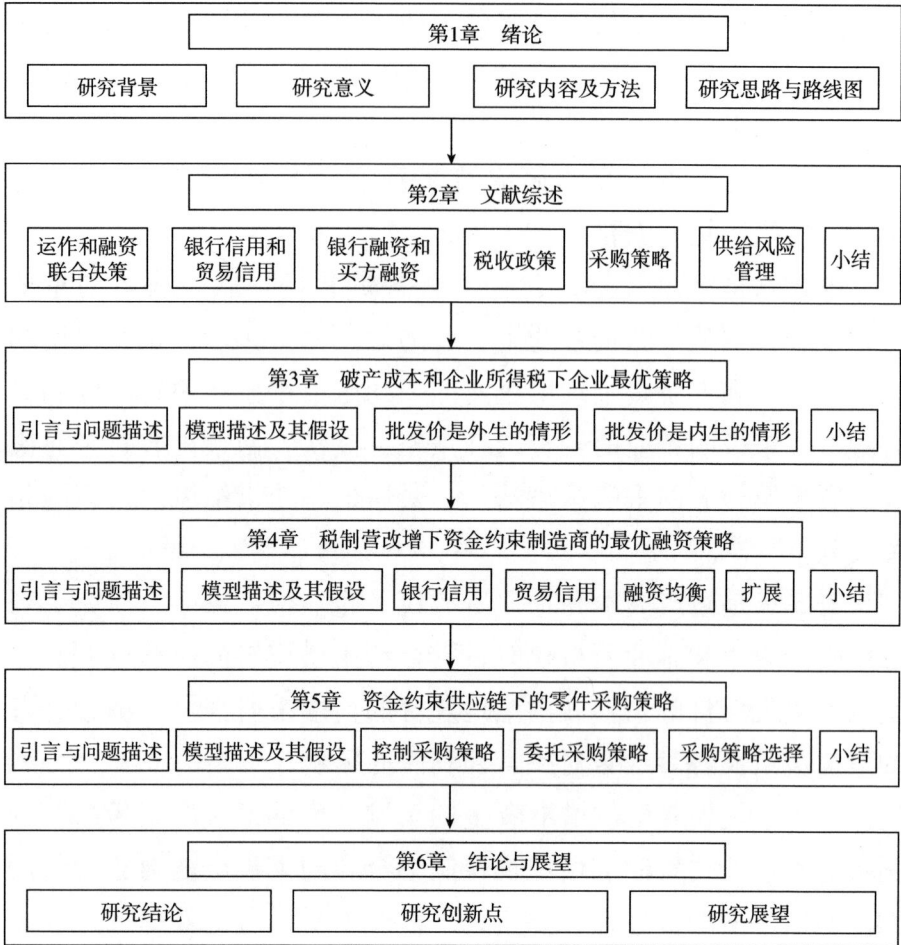

| 第1章　绪论 |
| 研究背景 | 研究意义 | 研究内容及方法 | 研究思路与路线图 |

| 第2章　文献综述 |
| 运作和融资联合决策 | 银行信用和贸易信用 | 银行融资和买方融资 | 税收政策 | 采购策略 | 供给风险管理 | 小结 |

| 第3章　破产成本和企业所得税下企业最优策略 |
| 引言与问题描述 | 模型描述及其假设 | 批发价是外生的情形 | 批发价是内生的情形 | 小结 |

| 第4章　税制营改增下资金约束制造商的最优融资策略 |
| 引言与问题描述 | 模型描述及其假设 | 银行信用 | 贸易信用 | 融资均衡 | 扩展 | 小结 |

| 第5章　资金约束供应链下的零件采购策略 |
| 引言与问题描述 | 模型描述及其假设 | 控制采购策略 | 委托采购策略 | 采购策略选择 | 小结 |

| 第6章　结论与展望 |
| 研究结论 | 研究创新点 | 研究展望 |

图1-3　本书结构

第 2 章
文献综述

本章的目的是综述与本书相关的研究成果和文献。首先，梳理了运作和融资联合决策的相关研究。在此基础上，综述了银行信用和贸易信用、银行融资和买方融资的相关文献。其次，阐述了税收政策的相关研究，尤其是营改增和有效税收供应链管理的相关研究。再次，综述了采购策略和供给风险管理的相关研究。最后，对现有研究的不足和局限性进行总结。本章的逻辑结构如图 2-1 所示。

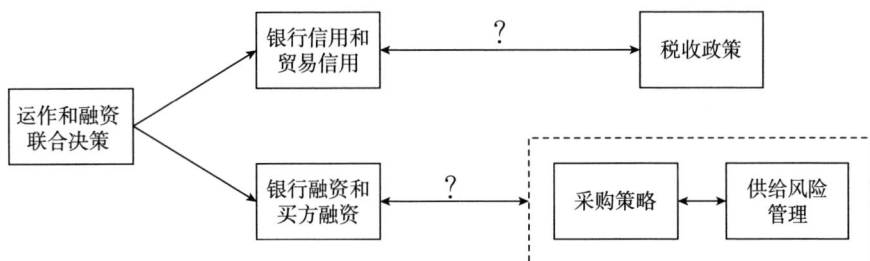

图 2-1 文献综述逻辑结构

2.1 运作和融资联合决策

根据 M&M 理论，在一个完美资本市场里，企业的运作决策与融资决策无关。Xu 和 Birge（2004）、Kouvelis 和 Zhao（2011）、Jing 等（2012）都运用报童模型的框架验证了 M&M 理论，即在资本市场是完美的情况下，资金约束零售商产品的最优订购量和经典报童模型的最优订购量是一样的。Tang 等（2018）得到的结论与 M&M 理论一致，即当信息对称时，企业的采购决策不受融资决策的影响。然而，实际的资本市场是非完美的，企业的融资决策和运作决策是相关的。所以，关于运作和融资联合决策的研究已经得到了很多学者的关注（Babich 和 Sobel，2004；Ding 等，2007；赵海峰等，2017；Ning 和 Sobel，2018）。关于融资和运作联合决策的综述，读者可参看 Birge（2015）、Babich 和 Kouvelis（2018）的研究。

Xu 和 Birge（2004）第一次在报童模型的框架（仅研究零售商的决策，没有涉及供应链的决策）考虑了破产成本和税收（企业所得税）对资金约束零售商的最优订购量的影响，作者证明了在破产成本和税收的影响下，产品订购决策和融资决策是相关的，且最优的订购量是财务杠杆的递减函数。假设银行是一个战略性的参与者，即银行市场是垄断的，Dada 和 Hu（2008）则得到银行的贷款利率是零售商内部资本水平的减函数，且得到可以协调渠道的一个非线性贷款方案。Buzacott 和 Zhang（2004）、Alan 和 Gaur（2018）研究了基于资产的融资（Asset-based Financing，即存货类融资）形式。基于资产的融资是指放款方（一般指银行）贷款给资金约束企业的最大金额依赖于企业的现金、库存和应收货款为形式的资本。Buzacott 和 Zhang（2004）把库存分成三类，即原料库存、正在生产的库存和已经成品的库存，分别得出每种库存的货币价值，从而得到最大基于资产的贷款；同时以这三种库存的数量为决策变量，而这三种库存是贷款的依据，这样企业的运作就和资金相关了。作者还研究了需求不确定对企业贷款动机的影响，因为当需求不确定时，企业就有破产的风险，从而无力偿还全部贷款。在 Buzacott 和 Zhang（2004）研究的基础上，Alan 和 Gaur（2018）把企业股权的决策内生化，即企业同时决策其资产结构（债务和股权）和运作投资（库存），并且假设企业比银行拥有更多的市场需求信息。作者利用筛选博弈（Screening Game）得到，基于资产的融资可以使银行更好地控制每种企业类型的订购量和杠杆率，同时相比其他一般的借贷形式（银行只考虑贷款利率的最优化），基于资产的融资可以使银行得到更多的利润。陈祥锋等（2013）、钟远光等（2011）研究了资金不足零售商的融资和运作决策，得到融资服务可以为供应链创造新的价值的结论。Chen 等（2008）则研究了第三方物流公司的采购和融资服务对资金约束供应链效率的影响情况。研究表明，相比于制造商作为供应链领导者的情形，第三方物流公司作为供应链领导者下的供应链利润会更高。

在没有外部的融资渠道时，Chao 等（2008）研究了资金约束零售商的多期库存决策问题，得到零售商的最优政策被一个阈值唯一决定。在 Chao 等（2008）研究的基础上，Gong 等（2014）、Katehakis 等（2016）研究了零售商有外部融资渠道的情况。Gong 等假设贷款利率是与时间无关的分段函数，且每个时期的需求是独立同分布的，得出其最优决策由单个阈值来表示。而Katehakis 等则假设贷款利率与时间是相关的且是贷款金额的线性函数，同时每个时期的需求可以是非稳态的，零售商每个时期的最优订购决策由两个阈值决定。在违约成本存在的情况下，Li 等（2016）研究了资金约束企业在多期的运作和融资决策情况，研究表明，运作和融资联合决策可以显著提高红利的预期现值。Luo 和 Shang（2015）则研究了一个包含两个部门（总部和子公司）的集中供应链决策情况，其中总部基于资金池来进行运作和融资决策。作者利用惩罚成本函数把由三个状态变量（两个库存水平和一个资金水平）的随机动态规划模型分解成三个独立的随机动态模型，得到了一个很简单的最优政策。

Kouvelis 和 Zhao（2011）考虑了破产成本（固定的行政成本、销售收入的损失成本和抵押物的贬值成本）对供应链决策的影响，但他们没有考虑税收对决策的影响；其研究表明，资金约束零售商的订购量小于经典报童模型下的订购量。Kouvelis 和 Zhao（2016）还研究了固定的违约（破产）成本和可变的违约成本对不同的供应链协调合约（收益分享、回购和数量折扣合约）的影响。Xiao 等（2017）研究存在破产风险时供应链的协调问题，但是，他们假设只有供应商才能获得银行贷款且零售商只能向供应商贷款（即贸易信用）。Yang 等（2015）则研究了财务困境和破产重组对供应链运营战略和绩效的影响。

表 2-1 总结了运作和融资联合决策的相关研究。

表 2-1　运作和融资联合决策相关研究

主要研究工作	作者
验证了 M&M 理论	Xu 和 Birge（2004）、Kouvelis 和 Zhao（2011）、Jing 等（2012）、Tang 等（2018）

续表

主要研究工作	作者
存货类融资模式	Buzacott 和 Zhang（2004）、Alan 和 Gaur（2018）
第三方物流融资模式	Chen 等（2019）
多期决策问题	Chao 等（2008）、Gong 等（2014）、Katehakis 等（2016）、Li 等（2016）、Luo 和 Shang（2015）
破产成本对决策的影响	Kouvelis 和 Zhao（2011）、Kouvelis 和 Zhao（2016）、Xiao 等（2017）、Yang 等（2015）

2.2　银行信用和贸易信用

对于贸易信用的相关研究可以从金融与经济视角和运作视角来综述。在金融与经济领域对于贸易信用的相关研究有很多，也是较早研究贸易信用的领域。关于贸易信用理论方面的综述，可参看 Klapper 等（2012）的研究。贸易信用有以下特征：一是贸易信用可以作为重要的融资工具；二是当直接的价格歧视不合法时，贸易信用可以作为价格歧视的工具（Pertersen 和 Rajan，1997）；三是贸易信用可以作为资金流管理的工具，可降低买卖双方的交易成本（Danielsan 和 Scott，2004）；四是贸易信用可以看作企业产品质量控制的工具，因为企业在支付之前可以先核查产品的质量（Smith，1987；Long 等，1993）。对于贸易信用和银行信用是相互替代还是相互补充的问题，很多实证研究都表明贸易信用和银行信用是相互替代的。例如，Nicholas 和 Summers

（2002）利用美国的数据得出这样的结论，在紧缩的货币政策下，贸易信用会增加。Guariglia 和 Mateut（2006）得到，在英国的贸易信用会弱化其银行信用。但也有研究表明，贸易信用对于银行信用起到补充的作用。例如，Biais 和 Gollier（1997）称，贸易信用扮演一个减轻由不完全信息造成的信用约束的信号，从而贸易信用和银行信用是相互补充的融资资源。而 Barrot（2016）研究了限制贸易信用供应对资金约束企业的影响，研究表明，当限制贸易信用时，则汽车运输公司的违约概率会下降25%，且该效应在资金约束企业是稳定的，同时，对贸易信用的限制也可以使更多小的汽车企业进入市场。作者的研究动机是，对于那些资本充足的企业可以通过贸易信用（很长的延迟支付）来获得更多的消费者，而在竞争的情况下，资金不充足的企业就不能像资金充足的企业那样让消费者长时间地延迟支付，这样那些资本充足的企业就可以阻碍资金限制企业进入市场，及其发展和生存。

从运作的角度来研究贸易信用的文献非常多，这也跟本书的研究最为接近（Chod，2017；Lee 等，2018）。应该说，在现有的关于运作和融资联合决策的文献中，对于贸易信用的研究最广泛且较成熟。陈祥锋（2013）研究了资金约束供应链中贸易信用的决策与价值，研究表明，当零售商承担有限责任且存在破产风险时，贸易信用能有效激励零售商增加采购量。马中华和陈祥锋（2014）考虑了信息不对称环境下资金约束供应链中贸易信用合同的设计问题，研究表明，在适度竞争环境的情况下，贸易信用合同能实现供应链整体的收益最大化。Zhang 等（2014）探讨了基于贸易信用及其风险的供应链协调问题，研究表明，在延迟支付的情况下，制造商给零售商的货物量应该比零售商的订购量低。Lee 和 Rhee（2011）则把贸易信用当作供应链协调的工具。

Gupta 和 Wang（2009）研究了零售商的随机动态库存问题（离散和连续的情形），其中每个时期供应商提供贸易信用给零售商，且考虑了正的延迟时间，研究表明，最优的库存政策是一个基本库存（Base Stock）的政策，其中基本库存被延迟支付货款的时间长度所影响。Li 等（2016）则从贸易信用保险的角度来研究制造商、银行的决策，研究发现风险厌恶银行的均衡利息比风险中性银行的均衡利息大，且贸易信用保险可以让制造商扩大销售和显著降低其违约风险。对于贸易信用的文献综述，可参看 Seifert 等（2013）的研究。

当下游企业只能选择一种信用（贸易信用或者银行信用）时，Jing 等（2012）、Kouvelis 和 Zhao（2012）都研究了上游企业对信用的选择问题。Jing 等（2012）研究表明，当制造商的生产成本高于（低于）某个阈值时，制造商会选择银行信用（贸易信用）。而 Kouvelis 和 Zhao（2018）的研究表明，供应商应该总要提供贸易信用给零售商，且贷款利率不大于无风险利率，此外，当零售商可以得到供应商最优的贸易信用合同时，零售商总会选择贸易信用。当下游零售商可以同时选择两种信用时，Cai 等（2014）认为当零售商内部的资本足够低时，贸易信用和银行信用是相互补充的，但随着内部资本的增加，两种信用就变成相互替代了。不同于 Cai 等研究贸易信用和银行信用是相互补充还是相互替代的问题，Kouvelis 和 Zhao（2018）、Yang 和 Birge（2018）研究的是两种信用同时对供应链决策的影响。但 Kouvelis 和 Zhao（2018）模型的核心要素是供应商和零售商的信用评级，而 Yang 和 Birge（2018）模型的核心要素是零售商的破产成本。Kouvelis 和 Zhao（2018）认为，当供应商的信用评级高于某个阈值时，那么供应商应该提供利率为零的贸易信用给零售商；

否则，供应商应该选择一个大于零的贷款利率，使零售商同时使用贸易信用和银行信用。而 Yang 和 Birge 认为，当零售商的资金水平较高时，供应商提供的贸易信用是以 Net Terms 的形式；而当零售商的资金水平较低时，供应商提供的贸易信用应该以 Two-part Terms 的形式，从而使零售商同时选择贸易信用和银行信用。值得一提的是，他们的研究都表明贸易信用可以提高供应链效率。另外，上述的文章都是从垂直渠道结构的角度研究贸易信用，Peura 等（2017）、Chod 等（2019）则从水平竞争的角度来研究贸易信用。Peura 等研究得出贸易信用可以弱化两个企业的价格竞争（Bertrand 博弈），使企业的边际利润大于零，从而有利于贸易信用的提供者。Chod 等研究了多个供应商对同一个零售商提供贸易信用的意愿问题，当一个供应商为一个零售商提供贸易信用时，零售商可能会向其他供应商购买产品，这样就会产生"搭便车"行为，研究表明，当供应商的竞争程度较低或产品可替代性较大时，供应商提供贸易信用的意愿会减小。

表 2-2 从运作的角度总结了银行信用和贸易信用的相关研究。

表 2-2　银行信用和贸易信用相关研究（运作角度）

主要研究工作	作者
贸易信用的作用与合同设计	陈祥锋（2013）、马中华和陈祥锋（2014）、Zhang 等（2014）、Li 等（2016）、Lee 和 Rhee（2011）
信用的选择问题	Jing 等（2012）、Kouvelis 和 Zhao（2018）
两种信用同时对供应链决策的影响	Kouvelis 和 Zhao（2018）、Yang 和 Birge（2018）
供应链水平竞争问题	Peura 等（2017）、Chod 等（2019）

2.3　银行融资和买方融资

不同于银行信用和贸易信用较为广泛和成熟的研究，对于银行融资和买方融资的研究则是刚刚开始，且不成熟。王文利等（2013）研究了在银行风险上限控制下，供应链订单融资的决策问题。黄建辉等（2018）、李超和骆建文（2016）研究了买方融资对供应链决策的影响。黄建辉等认为政府补偿策略（为买方融资提供风险补偿和保障）可以激励农户制定更为合理的生产投入量，且可以提高供应链效率。李超和骆建文则认为基于零售商预付款的收益共享机制可以协调供应链。

基于银行融资（文中称购买订单融资），Reindorp 等（2018）运用报童模型的框架研究了供应商的事前信用额度及其信息透明度对供应链决策及其绩效的影响，该供应量包含一个资金约束供应商和一个零售商，其中零售商的承诺订购量有助于供应商获得银行的贷款；研究表明，当供应商的事前信用额度及其信用透明度降低时，零售商的利润总是会降低，但供应商的利润却有可能会增加。同样在市场需求随机的情况下，Tunca 和 Zhu（2018）则研究了一种特殊的银行融资形式，即下游核心企业作为银行和上游资金约束供应商中介的银行融资（与反向保理类似），并比较了这种特殊的银行融资和普通的银行融资之间的供应链效率。作者认为，相比于简单的银行融资，由买方作为中介的银行融资可以显著提高供应链效率，且供应链参与者可以同时得到更多的利润。这是因为，买方比银行具有更多关于供应商的信息，帮助银行和供应商建立更多的信任，以减少银行的贷款风险，从而银行会选择较低的贷款利率，这样供应商的生产成本较低，有利于整个供应链。这其实就是供应链金融的核心价值所在。作者利用京东的数据分析，预测了这样一种银行融资形式，它可以使整个供应链的利润提高 13.05%，使零售商和供应商的利润提高幅度都超过 10%，从而近似估计京东作为中介的融资策略可以让其增加 0.44 亿美元的收入。

与 Reindorp 等（2018）、Tunca 和 Zhu（2018）只研究银行融资的情形不同，Tang 等（2018）、Deng 等（2018）研究了买方融资的情形，且比较了银行融资和买方融资的供应链效率。Tang 等（2018）研究了当供应商资金不足和存在供给风险时，买方融资（文中称为买方直接融资）和银行融资（文中称为购买订单融资）的供应链效率问题。该供应链包含一个供应商和一个制造商，其中市场需求是确定的。研究表明，当信息对称时，买方融资和银行融资的供应链效率是一样的；但当制造商比银行有更多的信息时（即信息非对称），在一些条件下，买方融资比银行融资具有较高的供应链效率。特别地，当市场中包含较多的低效率供应商，或供应商之间的效率相差较大时，或制造商向其他渠道购买的成本更高时，买方融资相比银行融资的优势变大。Deng 等（2018）则研究这样一个供应链：多个资金约束的上游零件供应商和一个下游的产品组装商，其中市场需求是随机的，且信息是对称的。作者认为，在买方融资中，组装商应该提供最低的贷款利率（也许会小于组装商资金的资金成本）给供应商，但由于融资利率较低，供应商可以从更低的采购成本和更高的生产水平中得到更多的利润。作者也从组装商、供应商和整个供应链的角度比较了买方融资和银行融资，当组装商的资金成本小于某个阈值（该阈值可能会大于无风险利率）时，组装商应该给供应商提供买方融资。

表 2-3 总结了银行融资和买方融资的相关研究。

表 2-3　银行融资和买方融资相关研究

主要研究工作	作者
银行融资	王文利等（2013）、Reindorp 等（2018）、Tunca 和 Zhu（2018）
买方融资	黄建辉等（2018）、李超和骆建文（2016）
两种融资的选择问题	Tang 等（2018）、Deng 等（2018）

2.4　税收政策

这里综述与本书研究相关的税收政策：营改增政策和有效税收供应链管理两个部分。

关于营改增的相关文献主要是从宏观角度和实证方法来讨论营改增的必要性、效应分析及相关建议。例如，梁若冰和叶一帆（2016）研究了营改增对企业贸易的影响，表明营改增有利于促进企业之间的贸易。平新乔等（2009）研究了增值税和营业税对消费者产生的福利效应之间的差异，并建议让服务业的全部企业有权进行"进项抵扣"。陈晓光（2013）测算了增值税有效税率差异导致的全要素生产率的损失，并建议在营改增改革过程中应尽可能减少增值税率的档次。王艺明等（2016）研究了营改增对进出口的影响效应。唯一例外的是，罗春林等（2015）利用博弈论方法研究了营改增对涉及长途运输时鲜产品运营策略的影响，结果表明，税制的变化对市场销售价没有影响，但在增值税税制下，供应链能服务于更多的客户需求；在增值税税制下，零售商与供应商的利润比保持不变，但在营业税制下，该比例会随税率的增加而增加。

更一般地，本书的研究还与有效税收供应链管理相关，即跨国公司在全球供应链管理中考虑了国际税收政策对决策的影响。Hsu 和 Zhu（2011）研究了中国的增值税和关税政策对跨国企业供应链结构设计和运作决策的影响，该跨国企业把生产业务放在中国，而把中国内部和中国外部分为两个销售市场。作者考虑了四种与增值税和关税政策相关的供应链结构，得到各自的最优解且讨论了跨国企业如何选择供应链结构的问题。研究发现，在中国销售产品的最终目的地（是否在中国内部进行销售或在中国组装且出口到外部销售）可能会显著影响跨国企业对供应链结构的偏好选择。Shunko 等（2017）考虑了三种常见税收优惠分销部门运作的结构对跨国企业决策的影响，得到了如何选择这三种运作结构的参数阈值条件，并得到当低税率地区的税率增加时，跨国企业的利润反而增加的结论。Xiao 等（2015）讨论了美国的税收交叉信用（Tax Cross-crediting）对制造商最优产能决策的影响，研究发现，在没有交叉信用的影响下，最优产能是企业所得税税率的减函数；在交叉信用的影响下，跨国企业的最优产能决策与经典的报童模型有很大的不同。另外，国际税收计划常常与转移价格（Transfer Price，跨国企业不同部门之间交易的价格）相关。Huh 和 Park（2013）在报童模型中考虑了不同转移价格计划。Shunko 等（2014）分析了转移价格和采购策略对跨国企业决策的影响。但是上述文章都是假设企业是资金充足的。

表 2-4 总结了税收政策的相关研究（从营改增政策和有效税收供应链管理角度）。

表 2-4　税收政策相关研究

研究分类	主要研究工作	作者
营改增政策	宏观角度和实证方法	梁若冰和叶一帆（2016）、平新乔等（2009）、陈晓光（2013）、王艺明等（2016）
	博弈论方法	罗春林等（2015）
有效税收供应链管理	税收政策对跨国企业决策的影响	Hsu 和 Zhu（2011）、Shunko 等（2017）、Xiao 等（2015）
	转移价格	Huh 和 Park（2013）、Shunko 等（2014）

2.5　采购策略

在供应链管理文献中，已经有很多文章在三级供应链中对企业的控制采购决策和委托采购决策进行了研究。例如，Kayis 等（2013）在一个三级供应链中研究了制造商对采购策略（控制采购或委托采购）的选择问题，其中生产成本信息是不对称的，即制造商不知道二级供应商（供应链中的最上游）和一级供应商（处在二级供应商和制造商之间）的生产成本。作者考虑了两种简单的合同形式：批发价合同和数量折扣合同，研究得到，当制造商知道二级供应商的生产成本时，委托采购策略是最优的；当制造商不知道二级供应商的生产成本但知道一级供应商的生产成本时，控制采购策略是最优的；当制造商都不知道一级供应商和二级供应商的生产成本时，两种策略都有可能是最优的。Wang等（2014）的研究认为，在 Push 合同形式（设备制造商承担全部的库存风险）下，设备制造商和合同制造商总是偏好于控制采购策略；但是，在 Pull 合同形式（设备制造商不承担任何库存风险）下，设备制造商偏好于控制采购策略，而合同制造商则偏好于委托采购策略。

当合同制造商和设备制造商在销售市场存在竞争，即合同制造商也可以把最终产品卖给规模较小的设备制造商时，Chen 等（2012）考虑了两种采购策略：买—卖采购策略（设备制造商直接向供应商采购零件，再转手卖给合同制造商）和委托策略，并研究了设备制造商如何选择这两种采购策略的条件。不同于 Chen 等研究中的那种竞争关系，Bolandifar 等（2016）、Xu 等（2018）考虑了两个设备制造商直接竞争的情况。Bolandifar 等研究了这样一个三级供应链：两个竞争的设备制造商同时向市场销售两种可替代的产品，研究发现，供应商的战略性定价行为在设备制造商采购策略的选择中扮演着重要的角色。而 Xu 等则在全球商业环境中考虑采购策略选择的问题，其中一个设备制造商是跨国企业，另一个设备制造商是中国企业。作者研究了中国的进出口税收政策对跨国企业选择控制采购策略和委托采购策略的影响问题，确定了采购策略选择的条件，并认为当跨国企业在委托采购策略中想平衡与中国设备制造商合作的利弊，但却与在中国的市场进行竞争时，随着中国市场份额的增大，跨国企业的偏好会从委托采购转向控制采购，再转回委托采购策略，且其全球利润先会降低，而后会增加。

表 2-5 从三级供应链的角度总结了采购策略的相关研究。

表 2-5　采购策略相关研究

主要研究工作	作者
设备制造商无竞争的情形	Kayis 等（2013）、Wang 等（2014）
设备制造商有竞争的情形	Chen 等（2012）、Bolandifar 等（2016）、Xu 等（2018）

2.6　供给风险管理

当下游企业或银行给上游资金不足企业提供融资（银行融资或买方融资）和企业进行采购策略决策时，常常要考虑供应商的供给风险，所以，本书的研究还与供应链风险管理相关。Tomlin（2006）详细描述了供应链的中断问题，并介绍了许多降低供应风险的策略。类似于 Li（2013）、Tang 等（2014）的研究，本书也研究买方如何通过设计供应链合同来激励供应商付出努力从而提高产品质量的问题。Li 考虑了两种买方采购策略：供给基础设计和定价机制，分别考虑两个供应商之间的竞争关系和减少生产成本的努力。供给基础设计考虑的是应该有多少个供应商（一个或两个）参与基本的供给和考虑每个供应商的产能投资情况；而定价机制决定了价格决定的时间点，即买方在供应商采取降低成本的努力之前做出价格承诺（之后也许会重新谈判）。作者发现，对供应商的对称性投资和低价格承诺（更有可能重新谈判）可以有效促进供应商之间的竞争，而对供应商的不对称投资和高价承诺（不太可能重新谈判）更能激励供应商在减少成本方面的努力。Tang 等假设供应商可以通过生产过程的选择来决定供给的可靠性，即供应商的供给可靠性是内生的。作者考虑了两种可以提高供应商供给可靠性的激励：直接激励（投资补贴）和间接激励（更多的订单数量），且供应商的产出结果有两种可能性：全有或全无供给和部分供给。研究表明，在全有或全无供给的模型下，买方偏好于只选择投资补贴的激励策略，从而避免了增加订单的需要；但是在部分供给的模型中，投资补贴和更多订单数量的激励可能要同时使用才能提高供应商供给的可靠性。

根据 Chen 和 Lee（2017）的研究，产品质量问题可以分为物理质量问题和软质量问题（供应商责任）两类。物理质量问题包括在婴儿产品中使用含铅油漆或用不合格的原料替代等；而软质量问题，或称为供应商责任问题，可以包含不安全的生产过程、工人超负荷生产或没有正确处理废水等。物理质量问题和软质量问题的重要区别是，物理质量可以通过检测进行鉴定，而软质量可能没办法直接通过检测来鉴定。在物理质量问题上，Babich 和 Tang（2012）提供了三种机制来处理产品的掺假问题：延期付款机制、检查机制以及延期付款和检查组合机制。作者研究发现，检查机制不能完全阻止供应商对产品的掺假行为，而延迟支付机制却可以；另外，延期付款和检查组合机制是多余的，即从组合机制得到的利润和从延期支付机制或检查机制中选择最优的一个中得到的利润是一样的。Mu 等（2016）研究了在发展中国家如何设计最优的检验机制来处理牛奶掺假的问题，其中牛奶的供给方是奶农，而下游的买方是收购商。作者认为，导致牛奶产品质量低下主要是三个原因：高昂的检测成本、牛奶收购商的竞争和奶农"搭便车"效应。通过设计机制可以产生社会期望的均衡结果，即所有奶农提供高质量牛奶，且两个竞争的收购商都只对牛奶进行一次检测。

对于供应商的责任问题（软质量问题），Chen 和 Lee（2017）研究了如何通过供应商认证、过程审计和应急付款来缓解供应商的社会责任风险问题，研究表明，供应商认证比过程审计或应急机制更有效，但这些机制是相互补充的，即机制的联合可以使对供应商的筛选变得更加有效，并降低采购成本。Guo 等（2016）研究了买方如何向供应商进行采购的问题，其中一个供应商是责任供应商，而另一个供应商是风险供应商，研究表明，增加惩罚成本（需求的损失、直接违规成本、违规发现的概率）总是使供应商更具有社会责任，且降低采购风险。Chen 和 Lee（2017）、Guo 等（2016）的研究对象是二级供应链，Huang 等（2015）的研究对象是三级供应链，该供应链包含一个制造商、一个一级供应商和一个二级供应商，其中制造商和一级供应商都可以通过努力来帮助二级供应商提高社会责任。作者发现，制造商应该只让自己来帮助二级供应商提高社会责任（控制策略），或只让一级供应商来帮助提高二级供应商的社会责任（委托策略）。另外，当制造商从控制策略转向委托策略时，外部（消费者、非营利组织和政府）压力（由违法行为被发现所造成的需求损失、间接处罚成本和违法行为被发现的概率）的增加会降低供应链的社会责任。

表 2-6 总结了供给风险管理的相关研究。

表 2-6　供给风险管理相关研究

主要研究工作	作者
供应商激励合同的设计	Li（2013）、Tang 等（2014）、Babich 和 Tang（2012）、Mu 等（2016）
供应商责任问题	Chen 和 Lee（2017）、Guo 等（2016）、Huang 等（2015）

2.7　本章小结

综上所述，已经有很多文献对银行信用、贸易信用、银行融资、买方融资进行了深入的研究，但对于破产成本、税收和采购策略如何影响资金约束供应链决策的研究还存在一定的局限性。具体如下：

首先，虽然已有文献研究了破产成本对资金约束供应链决策以及供应链协调的影响，也有文献在报童模型的框架（仅考虑单人的决策问题）内同时考虑破产成本和企业所得税对资金约束零售商最优订购量的影响。但是，这些文献都没有在供应链视角下研究破产成本和税收如何同时对资金约束供应链决策的影响。而在现实中，破产成本和税收都是普遍存在的，所以资金约束供应链的决策制定就不可避免地要同时把破产成本和税收考虑进来。这样，在同时考虑破产成本和税收的情况下，研究资金约束供应链的决策问题就很重要了。

其次，已经有大量的文献研究了贸易信用和银行信用，尤其是对贸易信用的研究。有从金融与经济视角研究贸易信用作用的文献，也有从运作视角研究贸易信用和银行信用的选择问题及贸易信用如何提高供应链效率的问题。不过这些文献绝大部分都没有把税收因素考虑进来，更没有考虑税制的变化对资金约束供应链决策的影响。税制的变化必然会改变企业的最优决策，尤其是对资金约束的企业。所以，有必要研究税制的变化会对资金约束供应链的决策及其绩效造成什么样的影响。

最后，对于采购策略的选择问题，现有研究一般假设整个供应链是资金充足的，而没有考虑资金不足的情况。而在现实中，上游的中小型企业常常会由于资金不足而无法按时按质生产出下游企业所需要的零部件，从而造成整个供应链绩效的下降。所以，下游的核心企业经常会直接提供贷款给资金不足的上游企业。当然，上游企业也可以依托下游企业的信誉及订单来获得银行的贷款。现在已经有文献在二级供应链的框架内研究了买方融资和银行融资的选择问题，但在现实中，下游的核心企业常常是不直接生产产品的，而是由其上级的合同制造商来进行生产，所以常常会涉及三级供应链的采购决策问题。另外，当上游企业资金不足时，债权企业或者银行的风险主要来自上游企业供给的不确定，特别是产品质量的问题。所以，在资金约束的情况下，研究采购策略对供应链决策及其融资选择就很有必要了。

第 3 章
破产成本和企业所得税下企业最优策略

当考虑了企业所得税和破产成本，供应链的最优决策肯定会受到影响。本章的主要目的是研究企业所得税和破产成本如何影响资金约束供应链的决策及其利润，所以本章只关注银行信用情况。当批发价是外生时，研究了资金约束零售商订购量的决策情况。在此基础上，研究了批发价是内生的情况，得到了批发价和订购量的均衡解，并研究了企业所得税和破产成本对子博弈完美均衡解及企业利润的影响。

3.1 引言与问题描述

当资金不足时，企业可能需要银行的短期融资（银行信用）。在销售周期结束时，如果销售收入不能完全支付其债务总额（本金加利息），企业就会宣布破产。这时银行就取得了该企业的所有权，即有权来处理该企业的资产。由于信息不对称和相关的协调问题，银行在获得该企业的实际价值之前，要先支付一些必要的破产成本。破产成本包括行政成本，如支付给会计师、拍卖师和律师的费用，还有已实现销售额的损失（Kouvelis 和 Zhao，2012）。

企业所得税是企业主要的一项支出。世界各国的企业所得税税率不尽相同，其中有很多税收友好型的国家和地区，如瑞士、马来西亚和爱尔兰等。所以，很多跨国企业经常把其经营活动从企业所得税高税率地区转移到低税率地区（Webber，2011）。在美国的 2018 年税收改革法案中，时任总统特朗普将美国企业所得税税率从 35% 下调至 21%，以鼓励美国企业回到本国并吸引新的企业到美国经营。

虽然都知道企业的决策会受到资金不足和企业所得税税率的影响，但是资金约束和企业所得税税率会对供应链决策造成什么样的影响还没有进行深入的探讨[①]。所以本章的研究问题：一是在破产成本和企业所得税同时存在的情况下，企业的最优决策是什么？二是破产成本和企业所得税税率如何影响供应链的决策及其利润？

本章考虑包含一个制造商和一个零售商的供应链。其中，制造商和零售商都是风险中立且都是利润最大化的追求者。零售商的内部资本不足，可能要向银行申请贷款，从而才有足够的资金从制造商订购产品。假设银行市场是完全竞争的，即银行贷款金额的价值等于贷款给零售商的预期利息，或由银行信用得到的预期利率等于无风险利率［称银行是公平定价的（Fair Pricing）

---

① 本章的税收都是指企业所得税，不考虑其他税收对企业决策的影响。在下一章将考虑其他税收的情况。

（Kouvelis 和 Zhao，2011；Birge，2015）][1]。在销售期结束时，如果零售商的收入大于或等于债务总额（本金加利息），零售商可以偿还银行全部的债务；否则，零售商宣布破产。在这种情况下，银行有权处理零售商的全部销售收入，但需要支付一定比例的破产成本。假设破产成本为零售商收入的一部分，称 1 减去这一部分为恢复率。

本章，分析当制造商的批发价是外生的情况，发现零售商最优的订购量与零售商的内部资本水平、恢复率和企业所得税税率都有关系。同时有如下结论：

（1）零售商的最优订购量和利润都是企业所得税税率的减函数，是恢复率的增函数。

（2）零售商的资金水平如何影响其最优订购量和利润依赖于企业所得税税率和恢复率的大小。特别地，当企业所得税税率或恢复率较小时，随着资金水平的增加，其订购量和利润都会增加。另外，当企业所得税税率或恢复率较大时，其利润会随着资金水平的增加而减少。

为了探索上述结论的适用性和范围，本章将分析扩展到批发价是内生的情形。在这种情况下，制造商作为 Stackelberg 领导者首先宣布批发价，然后零售商作为 Stackelberg 跟随者决定订购量。这样就得到唯一的子博弈完美均衡解，同时有如下结论：

（1）当制造商的生产成本等于零时，对于在外生批发价下得到的主要结论也成立。当制造商的生产成本大于零时，数值计算

---

① 本书都是假设银行市场是完全竞争的，该假设已被广泛应用于资金约束供应链的分析中，如 Kouvelis 和 Zhao（2011，2016）、Jing 等（2012）、Cai 等（2014）的研究。

表明，对于外生批发价下得到的主要结论也定性地成立。

（2）当企业所得税税率较大时，相比于经典的报童模型，零售商的订购量会更大，且制造商的利润会更多。

3.2　模型描述及其假设

考虑这样一个供应链，该供应链包含一个上游制造商和一个下游资金约束的零售商和银行。三个供应链参与者都是风险中性的。制造商生产产品的单位成本是 c，卖给零售商的单位批发价是 w，零售商再把产品卖给消费者，单位销售价格为 p。假设价格 p 是外生给定的（Kouvelis 和 Zhao，2012；Yang 和 Birge，2018），且正规化为 1（Jing 等，2012；Cai 等，2014）。不失一般性，假设未销售完产品的价值（Salvage Value）和由于缺货引起的惩罚成本（Penalty Cost or Goodwill Loss）都为零（Kouvelis 和 Zhao，2012；Cai 等，2014；Yang 和 Birge，2018）。

在销售周期内，随机需求 D 的分布函数和概率密度函数分别为 F 和 f，其中均值是有限的，且定义在区间 $[0, +\infty)$。令 $\overline{F}(\cdot) = 1 - F(\cdot)$。为了方便分析，假设 $f(\cdot)$ 可微的。进一步地，假设 F 具有递增的故障率（Increasing Failure Rate），即 $z(\cdot) = f(\cdot) / \overline{F}(\cdot)$ 是一个单调递增函数。供应链管理研究中大部分的分布函数都具有递增的故障率，包含正态分布、均匀分布等。

假设 K 是零售商的内部资金水平。如果零售商资金不足，可以向银行申请贷款。在销售周期结束后，如果零售商没有能力偿还银行的全部债务，则零售商宣布破产。在这种情况下，银行有权来处理零售商的全部销售收入（银行拥有零售商的所有权）。但由于信息不对称或其他协调问题，银行需要支付一些成本，即破产成本。破产成本包括支付给律师、会计师和拍卖者的费用和已实现销售收入的损失。与 Xu 和 Birge（2004）、Birge（2015）、Yang 和 Birge（2018）研究一样，假设破产成本为（$1-\alpha$）D。注意，零售价格是 1，所以这里的 D 表示的是已实现的销售收入。另外，α 可以解释为银行的恢复率。

由于零售商面临破产风险，所以银行可能不能收到零售商的全部债务。当决定利率时，银行需要考虑相应的风险。令 q 和 $r(q)$ 分别是零售商的订购量和银行制定的利率。假设银行市场是完全竞争的。即贷款金额的价值（无风险利率得到的收入）等于贷款给零售商的预期利息，即由银行信用得到的预期利率等于无风险利率，称为银行是公平定价的。为了方便，假设无风险利率（Risk-free Interest Rate）$r_f = 0$[①]。另外，假设制造商、零售商和银行的税率都是 τ。

令 w 是制造商的批发价。本章考虑批发价是外生的和内生的两种情况。当批发价外生时，制造商是一个价格接受者且不能制定批发价。对于批发价是内生的情况，则制造商可以决定批发价。在这种情况下，制造商是 Stackelberg 领导者，零售商是 Stackelberg 跟随者。在该 Stackelberg 博弈中，制造商先宣布一个

---

① 假设无风险利率等于零是为了表述方便，银行的无风险利率大于零不会影响本章解的结构和管理启示。

批发价，然后零售商才根据该批发价来决定订购量。[①]

图 3-1 展示了事件的顺序。具体如下：在销售周期开始时，批发价被确定。当批发价外生时，批发价是给定的；当批发价是内生的时，制造商对零售商宣布一个批发价。接着，基于这个批发价，零售商选择相应的订购量，并向制造商全额支付货款。如果需要，零售商会向银行贷款。在接到贷款申请时，银行会制定相应的贷款利率。在销售周期结束后，零售商实现收益，并且向银行支付债务。如果零售商得到的利润大于零，则需要支付税收；如果收益不能够支付银行的债务，则会宣布破产，且银行会得到扣除破产成本之后剩余的收入。

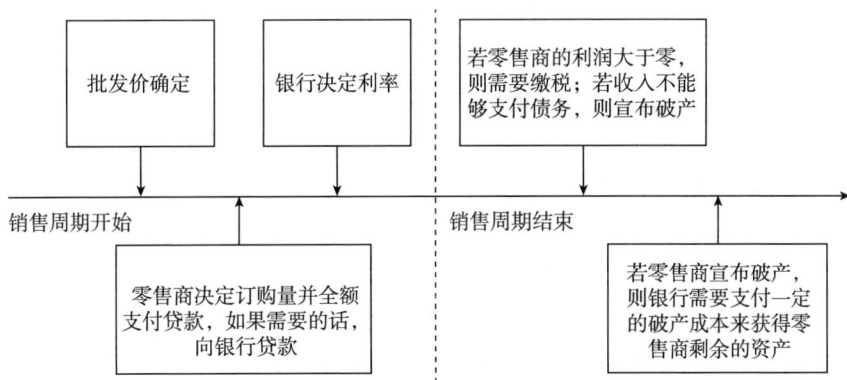

图 3-1　企业所得税和破产成本下企业决策事件顺序

---

① Stackelberg 博弈是一个两阶段的、信息完美且完全的动态博弈。可以用逆向法得到子博弈完美均衡解。在第一个阶段，Stackelberg 领导者选择一个战略。在第二个阶段，Stackelberg 跟随者观察到这个战略并选择一个战略（Fudenbeng 和 Tirole，1991）。供应链中权力比较大的一方一般是 Stackelberg 领导者（Choi，1991；Shi 等，2013；Ru 等，2015）。制造商领导者的 Stackelberg 博弈已被广泛用于供应链管理的分析中，如 Lariviere 和 Porteus（2001）、Kouvelis 和 Zhao（2011）、Jing 等（2012）、Cai 等（2014）、Yang 和 Birge（2018）的研究。

图 3-2 展示了银行信用和生产流。其中实线表示销售周期开始，虚线表示销售周期结束。$(wq-K)^+$ 是零售商的贷款总额，其中 $(x)^+=\max\{x,0\}$。在销售周期结束后，银行的总预期收入为 $R^B(b(q))$。为了方便引用，所有的符号定义总结在表 3-1 中。

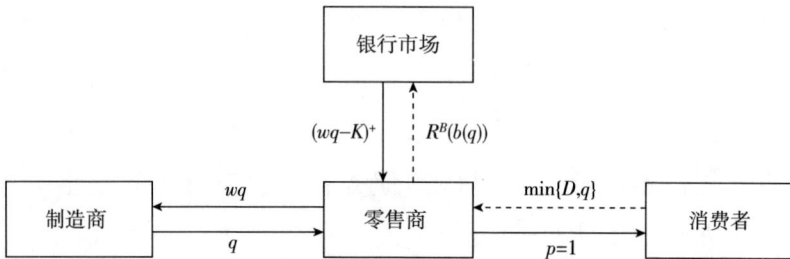

图 3-2 银行信用与生产流

表 3-1 企业所得税和破产成本下企业策略变量定义

符号	定义
D	随机需求变量，定义在为 $[0,+\infty)$
$F(\cdot)$	D 的分布函数
$f(\cdot)$	D 的可微概率密度函数
$\overline{F}(\cdot)$	D 的互补分布函数，即 $\overline{F}(\cdot)=1-F(\cdot)$
$z(\cdot)$	D 的故障率，即 $z(\cdot)=f(\cdot)/\overline{F}(\cdot)$
$E(\cdot)$	期望函数
K	零售商内部资金水平
$r_f\ (=0)$	无风险利率
α	银行的恢复率，$0\leqslant\alpha\leqslant1$
τ	企业所得税税率，$0\leqslant\tau\leqslant1$
$p(=1)$	单位产品零售价
c	单位生产成本，$0\leqslant c\leqslant1$
w	单位批发价，$c\leqslant w\leqslant1$
q	零售商的订购量

符号	定义
$r(q)$	银行的利率
$\pi^R(q)$	零售商的期望利润
$\pi^M(q)$	制造商的期望利润

3.3　批发价是外生的情形

本节分析批发价是外生的情形，首先得到零售商的最优订购量和利润，接着探讨企业所得税税率、恢复率和零售商内部资本水平对其最优订购量和利润的影响。

3.3.1　零售商的决策

给定批发价 w，零售商的订购量 q 和零售商的资金水平 K，则零售商向银行贷款的数额为 $(wq-K)^+$，其中利率为 $r(q)$。令 q_K 是满足 $wq_K=K$ 的订购量。如果 $q \leqslant q_K$，则贷款额为零。令 $b(q)$ 是使零售商在销售周期结束之后有能力偿还全部贷款的最低需求水平，则

$$b(q)=(wq-K)^+(1+r(q)) \tag{3-1}$$

称 $b(q)$ 为破产阈值。注意，当 $q>q_K$ 且实现的需求小于 $b(q)$，则零售商会破产。

另外，假设零售商的税率恒等于 τ，且在计算应缴纳税额时，支付给银行的利息可以全部抵扣（Xu 等，2018）。则应缴纳税额

为$(\min\{D, q\}-wq-r(q)(wq-K)^+)^+$。令 $t(q)$ 是使零售商的会计收益为零的需求水平，则

$$t(q)=wq+(wq-K)^+r(q) \tag{3-2}$$

称 $t(q)$ 为收支平衡阈值。显然，当 $q \le q_K$ 时，有 $t(q)=wq$，$b(q)=0$；当 $q>q_K$ 时，有 $t(q)=b(q)+K$。

零售商的利润：当 $q \le q_K$ 时，零售不需要向银行贷款，所以零售商的预期成本如下：

$$\begin{aligned} C(q) &= wq+\tau E(\min\{D, q\}-wq)^+ \\ &= wq+\tau E(\min\{D, q\}-t(q))^+ \end{aligned}$$

当 $q>q_K$ 时，零售商需要向银行贷款来进行购买产品。在这种情况下，假设 $q>t(q)$。这是因为，如果 $q \le t(q)$，则零售商的预期利润小于或等于零，那么零售商不会向银行申请短期融资。如果 $D<b(q)$，则零售商会破产，并且不用缴纳税收，这时其成本为其销售收入和内部资本，即 $C(q)=E\min\{D, q\}+K$；如果 $b(q) \le D<t(q)$，则零售商不会破产但也不需要缴纳税收，这时其成本为 $C(q)=K+(wq-K)^+(1+r(q))=K+b(q)$；如果 $D \ge t(q)$，则零售商需要缴纳税收，这时 $C(q)=K+b(q)+\tau E(\min\{D, q\}-t(q))^+$。所以当 $q>q_K$ 时，零售商的预期成本如下：

$$C(q)=K+E\min\{D, b(q)\}+\tau E(\min\{D, q\}-t(q))^+$$

零售商的预期收入为 $E\min\{D, q\}=\int_0^q \overline{F}(x)dx$。所以，零售商的预期零利润如下：

$$\pi^R(q)= \begin{cases} \int_0^q \overline{F}(x)dx - wq - \tau E(\min\{D, q\} - t(q))^+, & q \le q_K \\ \int_{b(q)}^q \overline{F}(x)dx - K - \tau E(\min\{D, q\} - t(q))^+, & q > q_K \end{cases}$$

银行的利率：接下来讨论银行如何决定贷款给零售商的贷款

利率。银行的利率是一个很重要的因素，它会影响零售商的利润。注意，零售商贷款 $(wq-K)^+$ 的成本是 $r(q)(wq-K)^+$。所以，更高的贷款利率代表着需要更高的运作成本和更低的边际收益；还有更高的贷款利率也代表着零售商不能偿还贷款的概率更大，即更高的破产风险。所以，更高的利率会使零售商的贷款减少，从而导致更低的订购量。

另外，银行的利率决策也受到很多因素的影响，如外生的无风险利率和与贷款相关的零售商破产风险。当零售商的贷款额较小（破产成本较小）时，银行会制定较低的利率，反之也成立。如果零售商的资金水平较大时，银行会制定较小的利率。预测到相应的破产风险和破产成本，银行要制定比无风险利率更高的利率。

由于银行市场是完全竞争的，即银行制定的利率 $r(q)$ 会使从银行信用中得到的预期收益等于贷款额的价值。换句话说，在一个完全竞争市场下，银行从贷款给零售商得到的利润为零（无风险利率为零）。

当 $q \leqslant q_K$ 时，零售商不会破产，且 $b(q)=0$，$r(q)=r_f=0$。

当 $q > q_K$ 时，若 $D<b(q)$，则破产成本为 $(1-\alpha)D$。α 表示银行支付破产成本之后的银行恢复率。一方面，当 $D<b(q)$ 时，零售商破产，且银行得到 αD；另一方面，当 $D \geqslant b(q)$ 时，零售商可以支付全部债务，且银行得到 $b(q)=(wq-K)^+(1+r(q))$。所以，在销售周期结束后，银行的预期总收入如下：

$$R^B(b(q)) = \int_{b(q)}^{\infty} b(q)\,dF(x) + \int_0^{b(q)} \alpha x\,dF(x)$$

注意，银行贷款给零售商的金额（即是总成本）为 $(wq-K)^+$。这样，银行的公平定价条件为：

$$(wq-K)^+ = R^B(b(q)) \tag{3-3}$$

值得注意的是，当考虑银行的企业所得税时，等式（3-3）不会变化，这是因为，式（3-3）左边的应缴纳税额等于右边的预期应缴纳税额。进一步可得：$\dfrac{\partial R^B(b(q))}{\partial b(q)} = \overline{F}(b(q))G(b(q))$，其中 $G(b(q)) = 1-(1-\alpha)b(q)z(b(q))$。由于 $z(\cdot)$ 是一个增函数，所以 $G(b(q))$ 是 $b(q)$ 的减函数。令 K_1 是下面方程的唯一根：

$$(1-\tau)\left[\overline{F}(K_1/w)-w\right]-\tau wF(K_1) = 0 \tag{3-4}$$

则零售商的最优订购量可以由下面的性质来描述。

定理 3-1：给定外生的批发价 w，零售商的利润 $\pi^R(q)$ 是 q 的凹（Concave）函数，且最优的订购量依赖于其内部资本水平 K，特别地，

（i）当 $K \geqslant K_1$ 时，最优的订购量 q^* 满足 $\overline{F}(q) = w + \dfrac{\tau}{1-\tau}wF(wq)$，且 $b(q^*) = 0$。

（ii）当 $K < K_1$ 时，q^* 满足 $G(b(q))\overline{F}(q) = w + \dfrac{\tau w}{1-\tau}\left[1-\dfrac{\overline{F}(t(q))}{F(b(q))}\right]$，且 $b(q^*) > 0$。

在没有考虑税收和破产成本的情况下，Jing 等（2012）、Kouvelis 和 Zhao（2012）都得到零售商的最优订购量与零售商的内部资本水平无关。但是，定理 3-1 得到零售商的最优订购量与其资本水平相关。如果内部资本水平较大时（$K \geqslant K_1$），零售商的订购量是传统的订购量（考虑税收）。注意，$\tau wF(wq)/(1-\tau)$ 反映了税收的非对称效应，即只有当零售商的利润大于零时，才

需要缴纳税收，否则，税收为零。当零售商的内部资本水平较小时（$K<K_1$），零售商的订购量不再是传统的订购量，这时需要从银行贷款，并且破产阈值会大于零。

3.3.2　模型参数的影响

K_1 将内部资本划分为两个区域：$K<K_1$ 的低区域 L 和 $K \geqslant K_1$ 的高区域 H。在区域 L，零售商是资金不足的，且需要向银行贷款。令 q_L^*、π_L^* 分别是区域 L 下零售商的最优订购量和利润。在区域 H，零售商是资金充足的，即考虑税收的经典报童模型。令 q_L^*、π_L^* 分别是区域 H 下零售商的最优订购量和利润。为了方便，

记 $\overline{\tau}=\dfrac{\overline{F}(b(q_L^*))}{\overline{F}(t(q_L^*))}(1-G(b(q_L^*)))$。

定理 3-2：在区域 L，有

（ⅰ）零售商的最优订购量 q_L^*，零售商的最优利润 π_L^*，银行的最优利率 $r(q_L^*)$ 和破产阈值 $b(q_L^*)$ 都是税率 τ 的减函数。

（ⅱ）$r(q_L^*)$ 和 $b(q_L^*)$ 都是零售商资本水平 K 的减函数。

（ⅲ）q_L^*、π_L^* 都是恢复率 α 的增函数。

（ⅳ）当 $w \leqslant (1-\tau)\overline{F}(q_L^*)$ 或 $\tau \leqslant \overline{\tau}$ 时，q_L^* 是 K 的增函数；当 $w \leqslant (\geqslant)(1-\tau)\overline{F}(q_L^*)$ 或 $\tau \leqslant (\geqslant)\overline{\tau}$ 时，π_L^* 是 K 的增（减）函数。

定理 3-2（ⅰ）说明企业所得税税率对零售商的订购量产生负作用。这是因为，税率的增加使零售商的成本增加和有效的税后利润率减小，从而当税率较大时，零售商会订购较少的产品。则在较少的订购量和较低的利润率，零售商的利润会随着税率的增加而减小。另外，在没有资金约束的情况下，Xiao 等（2015）

类似地得到企业最优的产量是税率的减函数。定理 3-2（i）说明该结果在资金不足的情况下也是成立的。

由于高税率而产生的低订购量说明零售商需要更少的贷款来订购量产量，而较少的贷款就具有较小的破产风险。在企业金融文献中（Tirole，2006），在竞争激烈的金融市场中，银行因与其他银行的竞争，从而需要有效应对商业环境的变化。所以，当零售商的破产风险较小时，银行会选择较小的利率和较小的破产阈值。这就解释了定理 3-2（i）的结论：银行的利率和破产阈值会随着税率的增大而减小。同样，定理 3-2（ii）说明了银行的税率和破产随着资金水平的增大而减少。这是因为，当零售商拥有较多的资本时，需要从银行贷款就较少，从而破产成本也较小。

定理 3-2（iii）说明零售商的最优订购量和利润都是恢复率的增函数。这是因为：当恢复率增大时，破产成本就较小，从而银行也制定较小的利率，零售商的贷款成本就较小。

很自然地想到，零售商的订购量和利润应该会随着其资金水平的增加而增加。但是，从定理 3-2（iv）可以看出，当考虑税收和破产成本时，该结论是错的。零售商的订购量和利润如何随着资金水平的变化依赖于企业所得税税率和恢复率。特别地，当税率或恢复率较小时，零售商的订购量随着资金水平的增加而增加。从定理 3-1（ii）可得，$w \leq (1-\tau)\overline{F}(q_L^*)$ 和 $\tau \leq \overline{\tau}$ 是等价的。注意，$G(b(q_L^*))$ 是 α 的增函数，$(1-\tau)\overline{F}(q_L^*)$ 是零售商订购产品的边际收益，而 w 是零售商在资金充足下的边际成本。所以，当零售商的边际收益大于边际成本时，其订购量应该随着资金水平的增加而增加。还有债务对零售商来说有正反效应：一方面，当考虑税收时，债务可以帮助零售商减少应缴纳税额，因为债务所产生的利息会在应缴纳税额中完全扣除（税盾效应）[①]；另一方面，当存在破产成本时，债务对零售商会产生负效应（破产成本效应）。所以当税盾效应大于破产成本效应时（即当税率或恢复率较大时），从增加债务中得到的收益会大于增加资金中得到的收益，即当资金水平增加时，零售商反而得到更少的利润。反之，当税率或者恢复率较小时，零售商会得到更高的利润。该结论与实践中观察的现象一致，即跨国企业常常将资金或利润从企业所得税高税率地区转移到低税率地区。

推论 3-1：

（i）当 $\alpha = 1$ 和 $\tau = 0$ 时，$q_H^* = q_L^*$，$\pi_H^R(q_H^*) = \pi_L^R(q_L^*)$。

（ii）当 $\alpha < 1$ 和 $\tau = 0$ 时，$q_H^* \geqslant q_L^*$，$\pi_H^R(q_H^*) \geqslant \pi_L^R(q_L^*)$。

（iii）当 $\alpha = 1$ 和 $\tau > 0$ 时，$\pi_H^R(q_H^*) \leqslant \pi_L^R(q_L^*)$。

推论 3-1（i）与 Jing 等（2012）的引理 1 类似，且与 M&M 理论一致，即在一个完美市场中，零售商的最优订购量不受资金约束的影响。推论 3-1（ii）说明当破产存在时，债务对零售商是不利的。而从推论 3-1（iii）中可以看出，当考虑税制时，债务对零售商是有利的。推论 3-1（ii）和推论 3-1（iii）与 Xu 和 Birge（2004）、Birge（2015）的发现结论一致，虽然他们的模型和本章的不一样。

定理 3-3：在区域 H，有

（i）q_H^*、π_H^* 都与 α、K 无关；$b(q_H^*) = 0$。

---

① 银行信用属于债务融资范畴，所以银行信用所产生的利息是在税前支付的，即税盾效应。如果企业进行的是股权融资，则股权融资成本（利润）是税后支付的。所以，当考虑企业所得税时，相比于股权融资，债务融资所付出的成本较小，可以使企业获得额外的利润（岳树民和肖春明，2017）。

（ii）q_H^*、π_H^* 都是 τ 的减函数。

定理 3-3（i）说明当零售商资金充足时，其最优的订购量和利润不受其资金水平和银行恢复率的影响，这是因为，在这种情况下，零售商不需要向银行贷款，从而破产阈值为零。定理 3-3（ii）的结论与定理 3-2（i）的结论一致，就是零售商的最优订购量和利润都是税率的减函数。

令 q^* 和 π^R 分别是零售商的最优订购量和利润。把定理 3-2 和定理 3-3 中关于零售商的最优订购量和利润如何受到其资金水平的影响合并在一起，则容易得到下面的推论。

推论 3-2：

（i）当 $w \leqslant (\geqslant)(1-\tau)\overline{F}(q^*)$ 或 $\tau \leqslant (\geqslant) \dfrac{\overline{F}(b(q^*))}{\overline{F}(t(q^*))}(1-G(b(q^*)))$ 时，π^R 是 K 的增（减）函数。

（ii）当 $w \leqslant (1-\tau)\overline{F}(q^*)$ 或 $\tau \leqslant \dfrac{\overline{F}(b(q^*))}{\overline{F}(t(q^*))}(1-G(b(q^*)))$ 时，q^* 是 K 的增函数。

为了更好地理解零售商的内部资金水平如何影响零售商的最优订购量和利润和银行的最优利率。图 3-3~图 3-5 提供了一个数值算例。为了得到这些图形，取需求分布满足 $\overline{F}(x) = \exp(-(0.01x)^2)$ 的 Weibull 分布，取模型参数 $w = 0.5$，$\tau = 0$、0.25、0.65，$\alpha = 0.4$、0.6、1。

从图 3-3 和图 3-4 可以看到，当资本水平很高时，零售商的最优订购量和利润与其资本水平无关。但是，零售商的最优订购量和利润都随着企业所得税税率的增加而减小，随着恢复率的增加而增加。当资本水平较低时，零售商需要向银行贷款，这时最

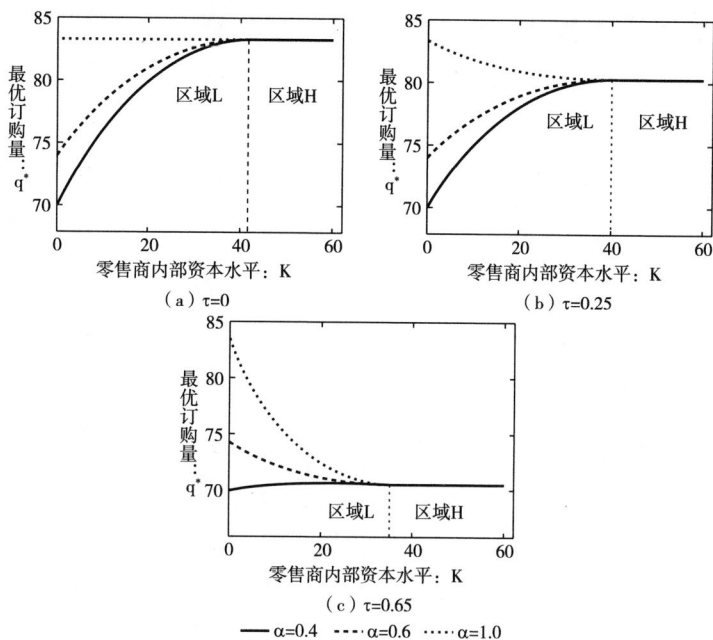

（a）τ=0

（b）τ=0.25

（c）τ=0.65

―――― α=0.4　　――― α=0.6　　…… α=1.0

图 3-3　资本水平对零售商最优订购量的影响（外生批发价的情形）

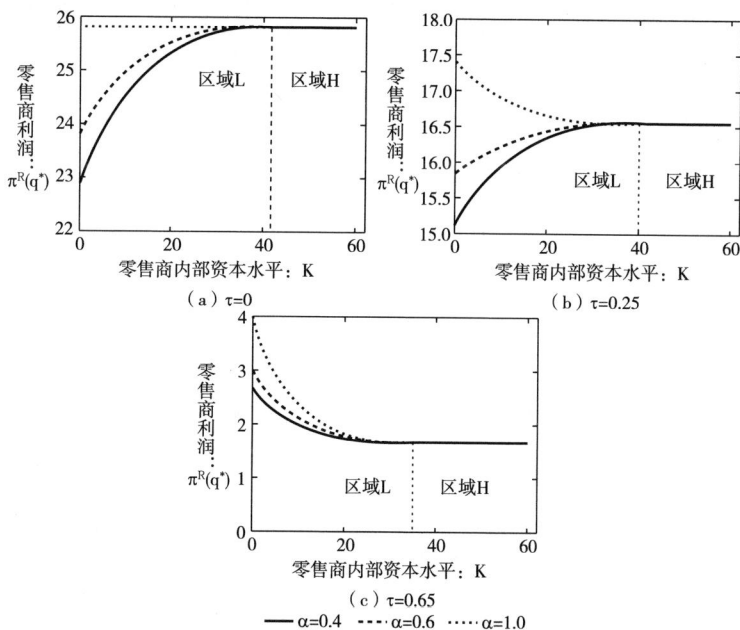

（a）τ=0

（b）τ=0.25

（c）τ=0.65

―――― α=0.4　　――― α=0.6　　…… α=1.0

图 3-4　资本水平对零售商利润的影响（外生批发价的情形）

优订购量和利润不仅受到其资本水平的影响，也受到企业所得税税率和恢复率的影响。这与定理 3-2（iv）的结论一致。与资金充足的情况比较发现，当企业所得税税率或者恢复率很大时，零售商会订购更多的产品，且获得较高的利润。反之也成立。

从图 3-5 也可以看出，当零售商内部的资金水平或企业所得税税率增大时，银行的最优贷款利率会减小。这与定理 3-2（i）和 3-2（ii）的结论一致。

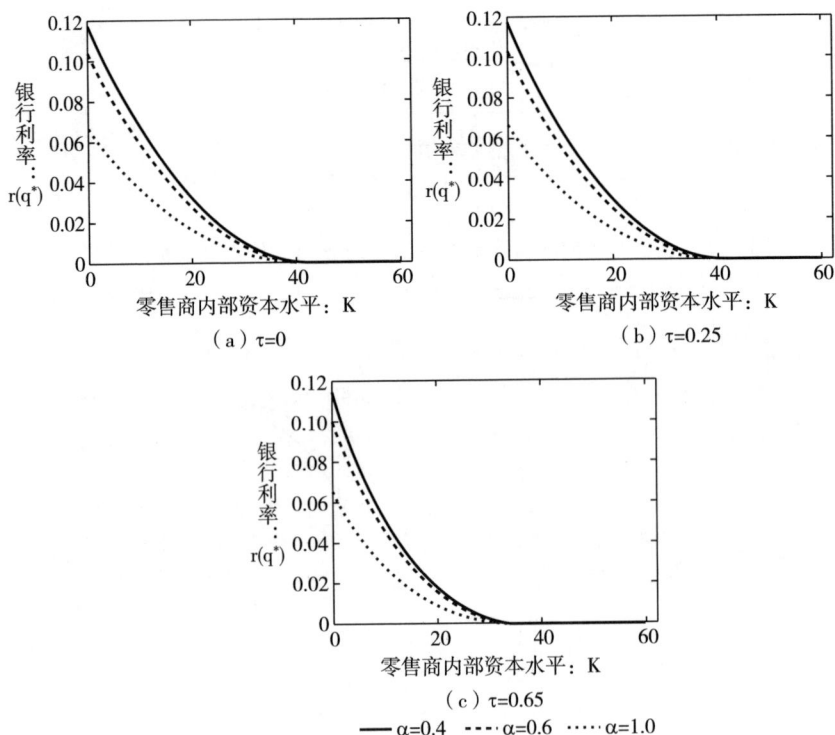

（a）$\tau=0$

（b）$\tau=0.25$

（c）$\tau=0.65$

—— $\alpha=0.4$ - - - - $\alpha=0.6$ ······ $\alpha=1.0$

图 3-5　资本水平对银行利率的影响（外生批发价的情形）

3.4 批发价是内生的情形

本节分析批发价是外生的情况，制造商首先制定批发价，然后零售商根据该批发价来决定订购量。用逆向法求解这个 Stack-elberg 博弈。值得注意的是，上一节已经得到零售商对批发价反映的相关结论了。所以本节重点关注在给定零售商的反映后，制造商如何制定批发价。

从前文可知，零售商的订购量与零售商的资本水平相关。给定批发价 w，$K_1(w)$ 被方程（3-4）唯一决定，即 $(1-\tau)\left[\overline{F}(K_1/w)-w\right]-\tau w F(K_1)=0$。下面的引理描述了 $K_1(w)$ 的性质。

引理 3-1：令 $\overline{K}=\max_{0<w\leqslant 1}\{K_1(w)\}$，则有

（i）$K_1(w)$ 在关于 $w\in(0,1]$ 的单峰函数；$K_1(w)-K=0$ 至多有两个根 w_1 和 w_2，其中 $w_1\leqslant w_2$。

（ii）零售商的最优订购量 $q^*(w)$ 是关于 w 的连续函数，且是 w 的减函数。

（iii）当 $K\geqslant\overline{K}$ 时，则对于任意 $w\in(0,1]$，有 $K\geqslant K_1(w)$。

（iv）当 $K<\overline{K}$ 时，则如果 $w\leqslant w_1$ 或 $w\geqslant w_2$，有 $K\geqslant K_1(w)$；否则 $K\leqslant K_1(w)$。

引理 3-1 说明 $K_1(w)$ 是 w 的单峰函数。当 $K\geqslant\overline{K}$ 时，对于任意 $w\in(0,1]$，都有 $K\geqslant K_1(w)$，即零售商的资金水平属于高区

域 H。当 $K < \overline{K}$ 时,零售商的资金是否充足则依赖于制造商如何制定批发价。如果 $w \leq w_1$ 或 $w \geq w_2$,则 $K \geq K_1(w)$;否则,$K \leq K_1(w)$,且零售商的资金水平属于低区域 L。那么,这时零售商就要向银行贷款。

给定制造商的批发价,零售商的最优订购量就是定理 3-1 所描述的那样。即

(i) 当 $K \geq K_1(w)$ 时,最优的订购量 q^* 满足 $\overline{F}(q) = w + \frac{\tau}{1-\tau} wF(wq)$,且 $b(q^*) = 0$。

(ii) 当 $K < K_1(w)$ 时,q^* 满足 $G(b(q))\overline{F}(q) = w + \frac{\tau w}{1-\tau}$

$\left[1 - \frac{\overline{F}(t(q))}{\overline{F}(b(q))} \right]$,且 $b(q^k) > 0$。

预测到零售商的反映后,制造商决定用批发价来最大化自己的利润,如下:

$$\pi^M(w) = (1-\tau)\left[wq^*(w) - cq^*(w) \right]$$

从引理 3-1(ii)可以知道,$q^*(w)$ 是关于 w 的连续且递减的函数。令 $w^*(q)$ 是 $q^*(w)$ 的逆函数,则制造商的利润可以表示成关于 q 的函数,即

$$\pi^M(q) = (1-\tau)\left[w^*(q)q - cq \right]$$

令 q_E^* 和 w_E^* 分别是零售商订购量和制造商批发价的子博弈完美均衡解,该均衡解依赖于零售商的资本水平。

3.4.1 当资本水平较大时,$K \geq \overline{K}$

当 $K \geq \overline{K}$ 时,对于任意 w 都有 $K \geq K_1(w)$,则零售商的反映函数 $q^*(w)$ 被下面的等式决定:

$$\overline{F}(q) = w + \tau w F(wq) / (1 - \tau)$$

利用隐函数求导定理，可得制造商利润函数 $\pi^M(q) = (1 - \tau)$ $[w^*(q)q - cq]$ 对于 q 的一阶导数，如下：

$$\frac{d\pi^M(q)}{dq} = [\overline{F}(q) - qf(q) - c] - \frac{c\tau}{1 - \tau}[F(wq) + wqf(wq)]$$

记 w_s 和 q_s 分别为均衡批发价和均衡订购量，下面的性质描述了当零售商资金水平较大时的均衡解。

定理 3-4：当 $K \geqslant \overline{K}$ 时，w_s 和 q_s 被下面两个方程唯一决定：

$$w + \tau w F(wq) / (1 - \tau) - \overline{F}(q) = 0$$

$$[\overline{F}(q) - qf(q) - c] - \frac{c\tau}{1 - \tau}[F(wq) + wqf(wq)] = 0$$

3.4.2　当资本水平较小时，$K < \overline{K}$

假设需求的故障率 $z(x)$ 是 x 的凸（Convex）函数。该假设在运作管理和供应链融资文献中会被经常用到。有很多分布满足该假设，如正态分布，均匀分布、指数分数和 Shape 参数大于或等于 2 的 Weibull 分布。从引理 3-1 可知，当零售商内部资本水平较低时，零售商资本水平是否充分依赖于制造商的批发价，所以接下来根据不同的批发价来讨论最优解。

情形 1：$w_1 < w < w_2$

当制造商制定的批发价 w 满足 $w_1 < w < w_2$ 时，$K < K_1$。在这种情况下，零售商需要向银行贷款，就会产生破产风险，且 $b(q) > 0$。银行的利率被方程 $wq - K - R^B(b(q)) = 0$ 决定。

这时，零售商的最优反映函数 $q^*(w)$ 被下面的等式决定：

$$G(b(q))\overline{F}(q) = w + \frac{\tau w}{1 - \tau}\left[1 - \frac{\overline{F}(t(q))}{\overline{F}(b(q))}\right]$$

给定零售商的最优反映，制造商会选择合适的批发价来最大化其利润 $\pi^M(q) = (1-\tau)[w^*(q)q - cq]$。

令 $L_1 = \dfrac{q\overline{F}(q)}{\overline{F}(b(q))G^2(b(q))}\left[-\dfrac{\partial G(b(q))}{\partial b(q)}\right]$、$L_2 = 1 - \dfrac{\overline{F}(t(q))}{\overline{F}(b(q))}$、

$L_3 = \dfrac{\overline{F}(t(q))}{\overline{F}(b(q))} \cdot \dfrac{qw}{\overline{F}(b(q))G(b(q))}[z(t(q)) - z(b(q))]$。利用隐含求导定理，可得制造商对于 q 的一阶函数，如下：

$$\frac{d\pi^M(q)}{dq} = \left[\overline{F}(q) - qf(q) - \frac{c}{G(b(q))}\right] - cL_1 - \frac{c\tau}{(1-\tau)G(b(q))}(L_2 + L_3)$$

记 w_b 和 q_b 为无约束下的最优解（没有考虑条件 $w_1 < w < w_2$）。记 w_b^* 和 q_b^* 为约束下的最优解（考虑条件 $w_1 < w < w_2$）。同时令 q_1 和 q_2 分别是批发价为 w_1 和 w_2 相应的订购量。令 $\overline{q}$ 满足 $\overline{q}z(\overline{q}) = 1$。则由引理3-1可知，$\overline{q} \cdot \overline{w} = \overline{K}$，且 $q_2 \leqslant \overline{q} \leqslant q_1$。从制造商的一阶条件可知，$q_b z(q_b) \leqslant 1$。又因为 $z(x)$ 是 x 的增函数，所以有 $q_b \leqslant \overline{q}$。

引理3-2：当制造商的批发价满足 $w_1 < w < w_2$，

（i）w_b 和 q_b 被下面的两个方程唯一确定：

$$w + \frac{\tau w}{1-\tau}\left[1 - \frac{\overline{F}(t(q))}{\overline{F}(b(q))}\right] - G(b(q))\overline{F}(q) = 0$$

$$\left[\overline{F}(q) - qf(q) - \frac{c}{G(b(q))}\right] - cL_1 - \frac{c\tau}{(1-\tau)G(b(q))}(L_2 + L_3) = 0$$

（ii）当 $q_b \geqslant q_2$ 时，$q_b^* = q_b$；当 $q_b \leqslant q_2$ 时，$q_b^* = q_2$。

情形2：$w \leqslant w_1$ 或 $w \geqslant w_2$

从引理3-1（iv）可知，当 $w \leqslant w_1$ 或 $w \geqslant w_2$ 时，$K \geqslant K_1$。在这种情况下，零售商有足够的资金来订购产品，且不用向银行贷

款。所以该情形的分析与前文类似。类似地，记 w_s 和 q_s 为无约束下的最优解（没有考虑条件 $w \leq w_1$ 或 $w \geq w_2$）。记 w_s^* 和 q_s^* 为约束下的最优解（考虑条件 $w \leq w_1$ 或 $w \geq w_2$）。从制造商的一阶条件可知，$q_s z(q_s) \leq 1$。又因为 $z(x)$ 是 x 的增函数，所以有 $q_s \leq \bar{q} \leq q_1$。

引理 3-3：当制造商的批发价满足 $w \leq w_1$ 或 $w \geq w_2$，

（i）w_s 和 q_s 被下面的两个方程唯一确定：

$$w + \tau w F(wq)/(1-\tau) - \bar{F}(q) = 0$$

$$[\bar{F}(q) - qf(q) - c] - \frac{c\tau}{1-\tau}[F(wq) + wqf(wq)] = 0$$

（ii）当 $q_s \geq q_2$ 时，$q_s^* = q_2$；当 $q_s \leq q_2$，$q_s^* = q_s$。

合并引理 3-2 和引理 3-3 可得当零售商资金水平较低时的均衡解，即得到定理 3-5 的结论。

定理 3-5：当 $K < \bar{K}$，均衡解（q_E^*，w_E^*）为

（i）（q_s，w_s），当 $q_b \leq q_2$，$q_s \leq q_2$。

（ii）（q_2，w_2），当 $q_b \leq q_2$，$q_s \geq q_2$。

（iii）（q_b，w_b），当 $q_b \geq q_2$，$q_s \geq q_2$。

（iv）（q_b，w_b）或（q_s，w_s），取决于哪一个解能使制造商得到更大的利润，当 $q_b \geq q_2$，$q_s \leq q_2$。

3.4.3 模型参数的影响

本节讨论企业所得税税率 τ、恢复率 α 和零售商资金水平 K 对企业决策的影响，即对零售商均衡订购量和制造商的均衡批发价的影响。

3.4.3.1 生产成本等于零

当制造商的生产成本 $c = 0$ 时，有下面的性质。

定理 3-6：当 $c = 0$ 时，

（ⅰ） $q_b = q_s = \overline{q}$，其中 $\overline{q}$ 满足 $\overline{q} z(\overline{q}) = 1$。

（ⅱ） w_s，w_b，$\pi^R(q_s)$，$\pi^R(q_b)$ 都是税率 τ 的减函数。

（ⅲ） w_b，$\pi^R(q_b)$ 都是恢复率 α 的增函数。

（ⅳ） 当 $w_b \leqslant (1-\tau)\overline{F}(\overline{q})$ 或 $\tau \leqslant \dfrac{\overline{F}(b(\overline{q}))}{\overline{F}(t(\overline{q}))}(1 - G(b(\overline{q})))$，$w_b$，

$\pi^R(q_b)$ 都是资金水平 K 的增函数。

定理 3-6（ⅰ）说明当制造商的生产成本为零时，零售商的均衡订购量在区域 L 和区域 H 是相等的。特别地，均衡订购量为 $\overline{q}$，满足 $\overline{q} z(\overline{q}) = 1$。换句话说，当制造商的生产成本为零时，零售商的最优订购量不受破产成本或企业所得税税率的影响。

对于定理 3-6（ⅱ）和定理 3-6（ⅲ）类似对定理 3-2 的解释。较高的税率会使零售商的边际收益减少，所以零售商会订购较少的产品。在这种情况下，较少的边际收益会使零售商在与制造商的协商中得到一些优势。所以，制造商会相应地降低批发价来阻止零售商订购量的大量减少。这样，当企业所得税税率较大时，批发价会减少，且订购量的减少会进一步降低制造商的利润。类似地，可以解释为什么批发价和制造商的利润会随着恢复率的增加而增加。

定理 3-6（ⅳ）说明了零售商资本对制造商决策和制造商利润的影响依赖于企业所得税税率和恢复率的大小。从直觉上看，随着零售商资本水平的增加，制造商应该会制定较高的批发价和获得较大的利润。但是，该结论只有在企业所得税税率或恢复率较小的情况下才成立。当企业所得税税率或恢复率较大时，债务的正反效应会糅合进来，即税收对于应纳税额的正抵扣效应会大

于破产风险对于债务的负效应。由于这时制造商和零售商的协商变得非常复杂，所以当企业所得税税率或恢复率较大时，不能得到关于资本水平对于制造商决策和利润的影响。

3.4.3.2　生产成本大于零

当制造商的生产成本大于零时，要得到定理 3-6 类似的解析结果就变得非常困难。所以本节利用数值计算的方法来得到一些管理启示。同样，取需求满足 $\overline{F}(x) = \exp(-(0.01x)^2)$ 的 Weibull 分布，而基础参数组合则取值如下：$c = 0.3$、$\tau = 0.25$、$\alpha = 0.6$、$K = 20$。

数值计算 1

该部分分析模型参数对于企业决策及其利润影响的鲁棒性（定理 3-2 和定理 3-6）。利用 Matlab 计算制造商和零售商的均衡决策和相应的利润。接着根据基础参数的数值，描绘出决策及利润对于资金水平变化的图像。图 3-6~图 3-9 分别表示零售商均衡订购量、制造商均衡批发价、零售商均衡利润和制造商均衡利润对于资本水平的变化情况，其中，$\alpha \in \{0.4, 0.6, 1\}$、$\tau \in \{0, 0.25, 0.65\}$。从这些图可以得到下面的观察：

观察 1：从图 3-6~图 3-9 可以看到，均衡订购量、均衡批发价、零售商均衡利润和制造商均衡利润都是税率 τ 的减函数。

观察 2：从图 3-6 和图 3-9 可以看到，均衡订购量和制造商均衡利润都是恢复率 α 的增函数。

观察 3：从图 3-6 和图 3-9 可以看到，当税率或者恢复率较小（大）时，均衡订购量和制造商均衡利润是资本水平的增（减）函数。

观察 4：从图 3-7 和图 3-8 可以看到，均衡批发价和零售商均衡利润不是恢复率 α 的单调函数，也不是资本水平的单调函数。

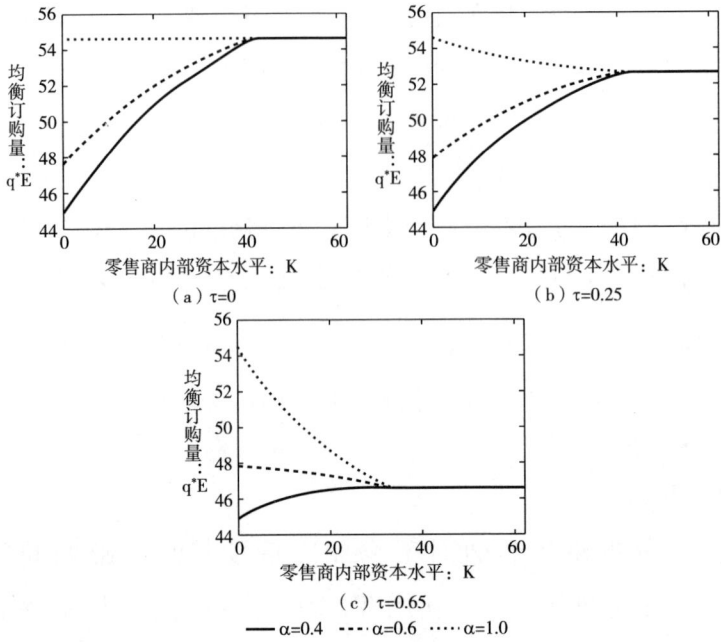

图 3-6 资本水平对零售商均衡订购量的影响（内生批发价的情形）

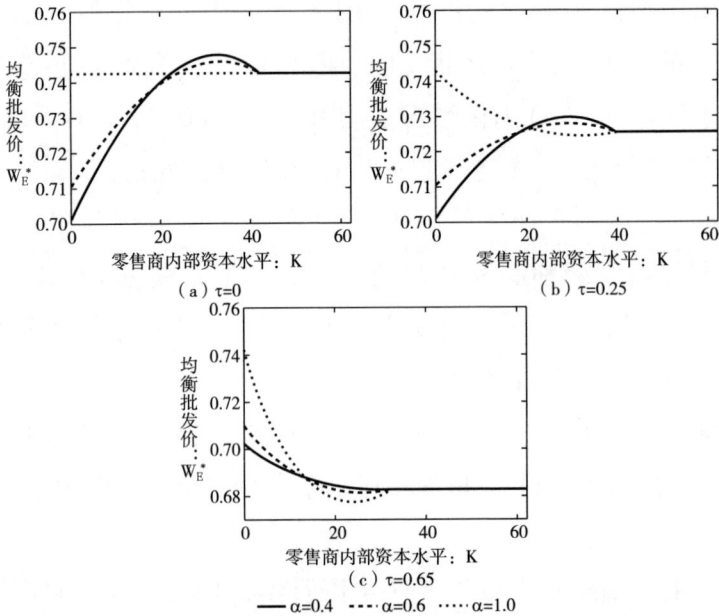

图 3-7 资本水平对制造商均衡批发价的影响（内生批发价的情形）

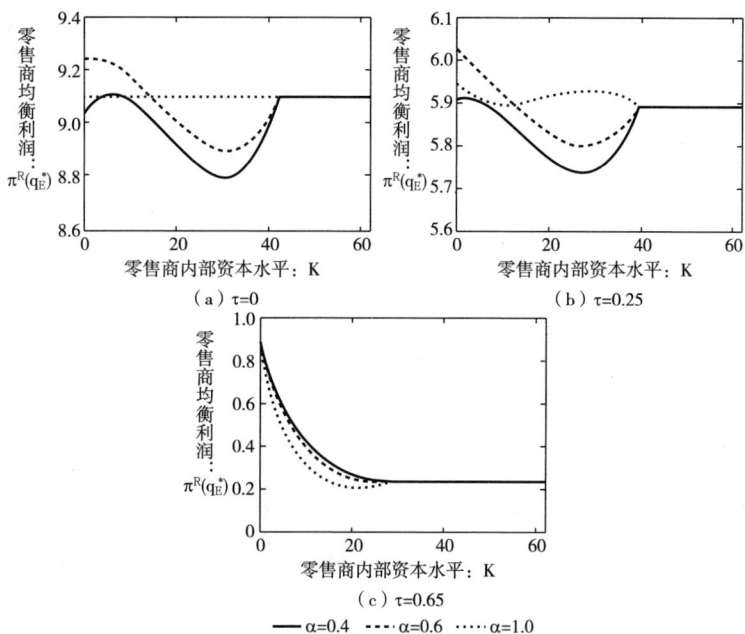

（a）τ=0　　　　　　　　　　（b）τ=0.25

（c）τ=0.65

——α=0.4　----α=0.6　……α=1.0

图 3-8　资本水平对零售商均衡利润的影响（内生批发价的情形）

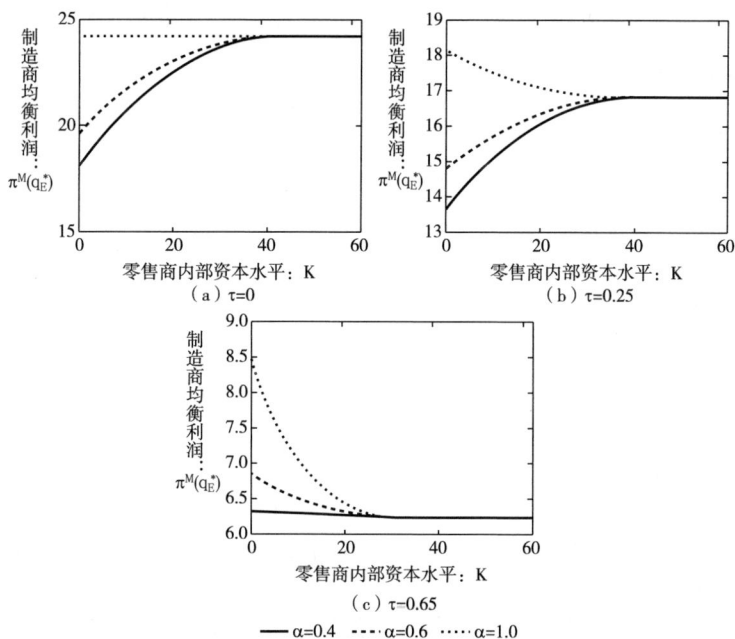

（a）τ=0　　　　　　　　　　（b）τ=0.25

（c）τ=0.65

——α=0.4　----α=0.6　……α=1.0

图 3-9　资本水平对制造商均衡利润的影响（内生批发价的情形）

从上面的观察可知，当批发价是内生且制造商的生产成本大于零时，定理 3-2 和定理 3-6 的主要结论是成立的。但是，由于债务的正反效应，制造商和零售商的博弈会变得很复杂，所以不能得到均衡批发价及零售商均衡利润对于恢复率和资本水平的变化情况。值得提出的是，在没有考虑税收的情况下，即企业所得税税率等于零，Kouvelis 和 Zhao（2011）得到制造商的利润是零售商资本水平的增函数。但是，从图 3-9 可以看出，当考虑税收时，制造商可能更喜欢跟内部资金较少的零售商合作。

数值计算 2

该部分研究比较资金约束和经典报童模型（资金充足）下的均衡决策和利润。注意到当零售商的资金水平在区域 H 时，其订购的产品数量就是经典报童模型下的订购量。则均衡的订购量和批发价分别是 q_s 和 w_s。而当零售商的资金水平在区域 L 时，均衡的订购量和批发价就是 q_s 和 w_s。从图 3-10~图 3-13 中可以得到下面的观察：

观察 1：从图 3-10 可以看到，当企业所得税税率较低（高）时，则零售商会在报童模型下订购更多（少）的产品。

当税率较高时，债务对于应纳税额的正抵扣效应大于由债务带来的负破产效应。则零售商偏向于向银行申请更多的贷款，所以当税率较高时，资金约束的零售商会订购更多的产品。

观察 2：从图 3-11 可以看到，当制造商的生产成本较小时，则如果企业所得税税率较小（大）时，制造商会在报童模型下制定更高（低）的批发价；而当生产成本较大时，该结论刚好相反。

这是因为当税率较小时，零售商在报童模型下的订购量会更多，直觉上会认为制造商会制定更高的批发价。但在考虑制造商的生产成本时，该结论不一定成立。随着生产成本的增加，制造

（a）c=0.1

（b）c=0.3

（c）c=0.5

―― q_s　　---- q_b

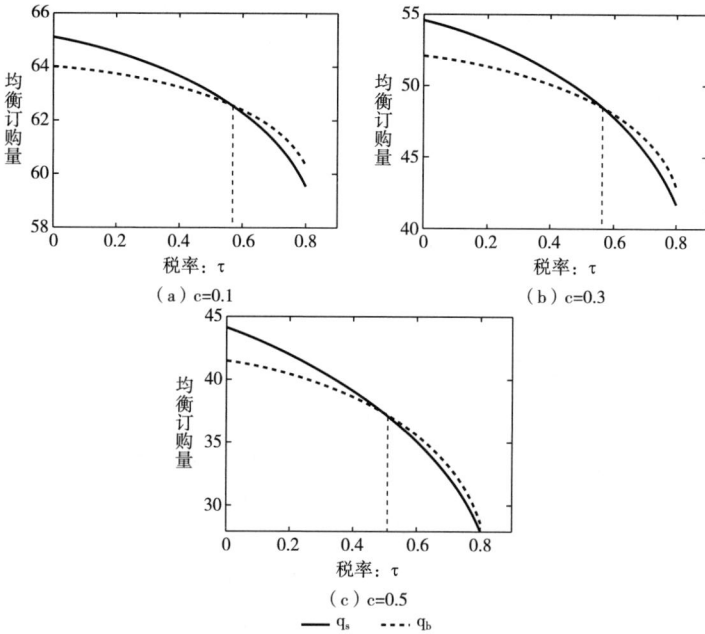

图 3-10　企业所得税税率对零售商均衡订购量的影响

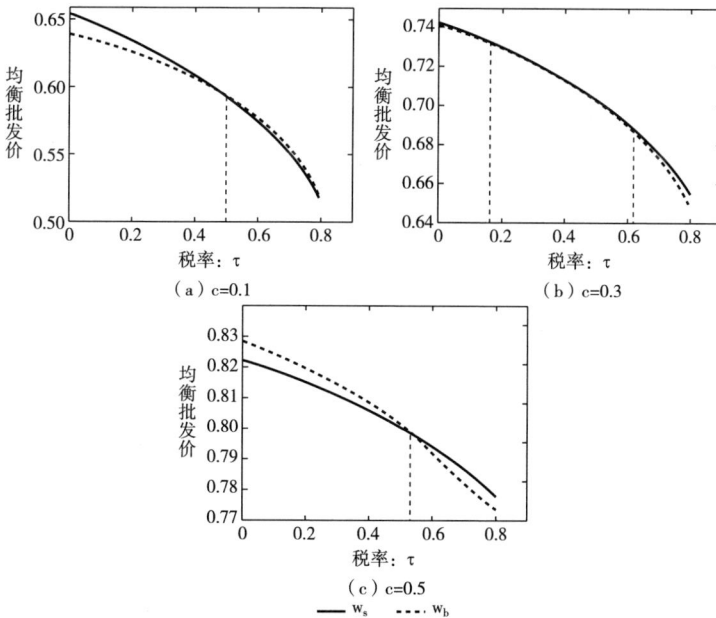

（a）c=0.1

（b）c=0.3

（c）c=0.5

―― w_s　　---- w_b

图 3-11　企业所得税税率对制造商均衡批发价的影响

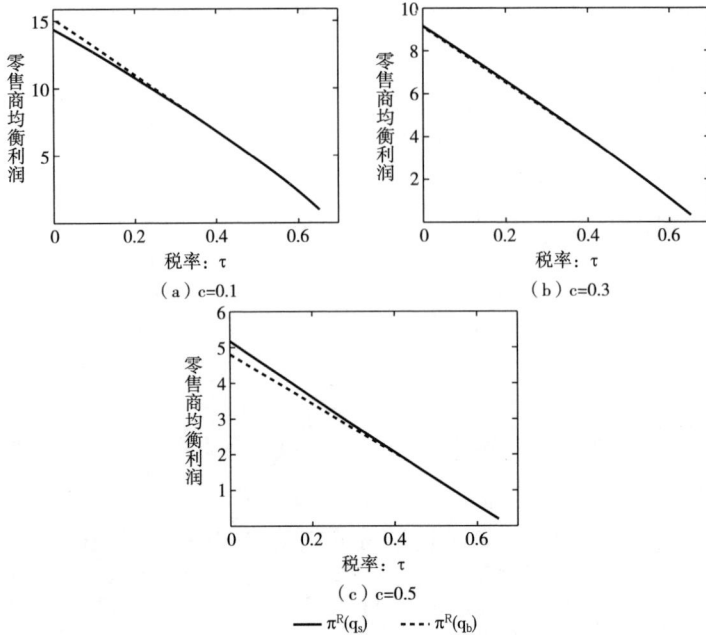

图 3-12　企业所得税税率对零售商均衡利润的影响

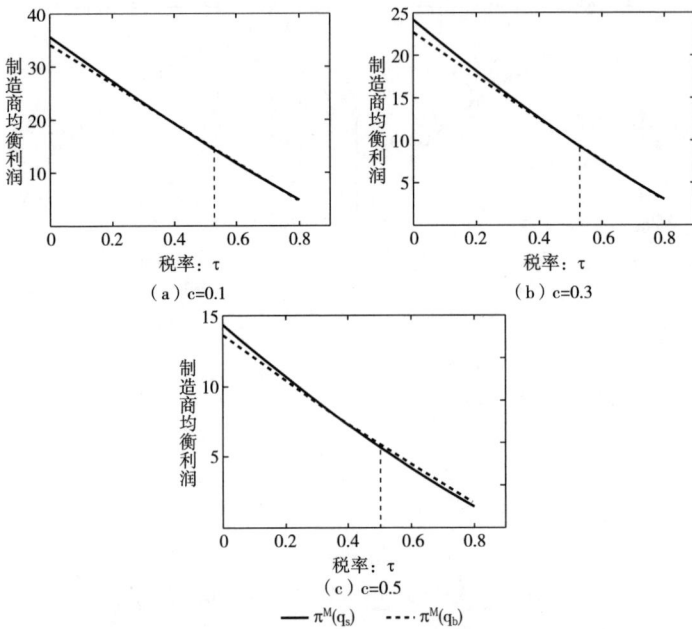

图 3-13　企业所得税税率对制造商均衡利润的影响

商需要制定更高的批发价来尽量保持其边际收益。与相对富有的零售商相比，资金约束的零售商会对批发价的增加更敏感，所以在报童模型下，随着批发价的增加，零售商的订购量相比资金约束下的情形下降较少。结果，当税率较小时，生产成本较大的制造商会在报童模型下制定较小的批发价。

观察 3：从图 3-12 可以看到，当生产成本较小时，则如果企业所得税税率较小（大）时，零售商的利润在报童模型下会获得更少（多）的利润。而当生产成本较大时，该结论刚好相反。

当税率和生产成本都较小时，即使零售商在资金约束下的订购量更少，但由于较低的批发价从而得到较大的边际收益，所以，在资金约束下，零售商甚至获得更多的利润。但是，当生产成本较大时，制造商需要增加批发价，所以随着边际收益的减少，零售商的利润会获得较小的利润。

观察 4：从图 3-13 可以看到，当企业所得税税率较小（大）时，制造商的利润在报童模型下会获得更多（少）的利润。

制造商的利润依赖于零售商的订购量和批发价，说明当税率较小（大）时，零售商订购更多的产品效应大（小）于批发价较小的效应。

3.5　本章小结

在同时考虑企业所得税和破产成本的情况下，本章研究了资金约束供应链的决策问题。分别考虑了制造商批发价是外生的和内生的两种情况。在批发价是外生的情况下，零售商的最优订购量是其内部资本水平、企业所得税税率、恢复率和批发价的函数。同时，零售商的订购量和利润是企业所得税税率的减函数、是恢复率的增函数。而资本水平如何对订购量和利润的影响则依赖于企业所得税税率和恢复率的大小。在批发价是内生的情况下，制造商是 Stackelberg 领导者，零售商是 Stackelberg 跟随者，研究表明，在批发价是外生下的主要结论在内生下也成立。

还有一些可以进一步研究的问题。本章假设资金约束的零售商只能向银行贷款，其实，零售商也可以向制造商贷款（贸易信用）。所以，在税收和破产成本的共同影响下，零售商该如何决策自己的融资策略、制造商该如何决策批发价，都是一些有趣的研究方向。可以预见的是，融资策略和批发价合同不仅依赖于企业所得税税率和恢复率，应该也会依赖于制造商的生产成本。另外，也可以考虑当税收和破产成本都存在时的供应链协调问题。

本章证明

定理 3-1 的证明： 类似 Kouvelis 和 Zhao（2011）、Xu 和 Birge（2004）的证明可以得到，对于零售商来说，存在一个有限的债务范围，即零售商的最大订购量是有限的。记该最大的订购量为 q_{max}。同时，类似 Kouvelis 和 Zhao 中引理 2 和引理 3 的证明可以得到，当 $q_K \leqslant q \leqslant q_{\max}$ 时，有 $G(b(q)) \geqslant 0$，且 $b(q)$ 和 $r(q)$ 都是 q 的增函数。

为了得到零售商的最优订购量，需要考虑零售商预期利润对于 q 的一阶导数，$\dfrac{d\pi^R(q)}{dq}$。注意，当 $q > q_B$ 时，有 $t(q) = b(q) + B$，$\dfrac{dt(q)}{dq} = \dfrac{db(q)}{dq}$。则

$$\frac{d\pi^R(q)}{dq} = \begin{cases} (1-\tau)\left[\overline{F}(q) - w\right] - \tau w F(wq), & 0 \leqslant q \leqslant q_K \\[3mm] (1-\tau)\left[\overline{F}(q) - \dfrac{w}{G(b(q))}\right] - \dfrac{\tau w}{G(b(q))}\left[1 - \dfrac{\overline{F}(t(q))}{\overline{F}(b(q))}\right], & q_K < q \leqslant q_{\max} \end{cases}$$

接着，证明 $\dfrac{d\pi^R(q)}{dq}$ 是 q 的减函数，即 $\pi^R(q)$ 是 q 的凹函数。

当 $0 \leqslant q \leqslant q_K$ 时，容易验证 $(1-\tau)\left[\overline{F}(q) - w\right] - \tau w F(wq)$ 是 q 的减函数。当 $q_K < q \leqslant q_{\max}$ 时，由于 $\dfrac{db(q)}{dq} > 0$，且知道 $z(x)$ 是 x 的增函数，则 $\dfrac{d}{dq}\left(\dfrac{\overline{F}(t(q))}{\overline{F}(b(q))}\right) = \dfrac{db(q)}{dq} \cdot \dfrac{1}{(\overline{F}(b(q)))^2} \cdot \left[-f(t(q))\overline{F}(b(q)) + f(b(q))\overline{F}(t(q))\right] = \dfrac{db(q)}{dq} \cdot \dfrac{\overline{F}(t(q))}{\overline{F}(b(q))}\left[z(b(q)) - z(t(q))\right] \leqslant 0$。

另外，由于 $b(q)$ 是 q 的增函数，且 $G(b(q))$ 是 $b(q)$ 的减函数，所以有 $G(b(q))$ 是 q 的减函数，所以当 $q_K \leqslant q \leqslant q_{\max}$ 时，$\dfrac{d\pi^R(q)}{dq}$ 是 q 的减函数。

令 $\dfrac{d\pi^R(q)}{dq}\bigg|_{q=q_K^-}$ 和 $\dfrac{d\pi^R(q)}{dq}\bigg|_{q=q_K^+}$ 分别是 $\dfrac{d\pi^R(q)}{dq}$ 在 $q = q_K$ 时的左导

数和右导数。由于 $b(q_K)=0$，且 $G(0)=1$，所以有 $\dfrac{d\pi^R(q)}{dq}\Big|_{q=q_K^-}=$

$\dfrac{d\pi^R(q)}{dq}\Big|_{q=q_K^+}$。结果，$\pi^R(q)$ 是 q 的凹函数。令 q^* 是给定 w 下的

零售商最优订购量。

当 $K>K_1$ 时，由于 $(1-\tau)[\,\overline{F}(K/w)-w\,]-\tau wF(K)$ 是 K 的减

函数，则有 $(1-\tau)[\,\overline{F}(K/w)-w\,]-\tau wF(K)<0$（即 $(1-\tau)$

$[\,\overline{F}(q_K)-w\,]-\tau wF(wq_K)<0$）。由于 $\pi^R(q)$ 是 q 的凹函数，则有

$q_K>q^*$，且 q^* 满足 $(1-\tau)[\,\overline{F}(q)-w\,]-\tau wF(wq)=0$。另外，在这

种情况下，$b(q^*)=0$ 和 $r(q^*)=0$。

当 $K=K_1$ 时，有 $\dfrac{d\pi^R(q)}{dq}\Big|_{q=q_K}=0$，从而有 $q^*=q_K=\dfrac{K}{w}=\dfrac{K_1}{w}$。所

以，在这种情况下，有 q^* 也满足 $(1-\tau)[\,\overline{F}(q)-w\,]-\tau wF(wq)=0$。

当 $K<K_1$ 时，有 $\dfrac{d\pi^R(q)}{dq}\Big|_{q=q_K^+}=\dfrac{d\pi^R(q)}{dq}\Big|_{q=q_K^-}>0$。所以 $q^*>q_K$，

且 q^* 满足 $G(b(q))\cdot\overline{F}(q)=w+\dfrac{\tau w}{1-\tau}\left[1-\dfrac{\overline{F}(t(q))}{\overline{F}(b(q))}\right]$。

证毕。

引理 3-4：

令 θ 是区域 L 敏感性分析下的某个参数。令 $H^1(q^*,b(q^*),\theta)=$

$\overline{F}(q^*)\cdot G(b(q^*))-w-\dfrac{\tau w}{1-\tau}\left[1-\dfrac{\overline{F}(b(q^*)+K)}{\overline{F}(b(q^*))}\right]=0$ 是零售商的一阶条

件；$H^2(q^*,b(q^*),\theta)=wq^*-K-\pi^K(b(q^*))$ 是银行的公平定

价条件。令 $H^i_\theta=\dfrac{\partial H^i}{\partial\theta}$，$i=1,2$。则有，

（i）若 $H_\theta^1 \geqslant 0 (\leqslant 0)$ 和 $H_\theta^2 \leqslant 0 (\geqslant 0)$，则零售商最优的订购量 q^* 是 θ 的增（减）函数。

（ii）若 $H_\theta^1 w + f(q^*) G(b(q^*)) H_\theta^2 \geqslant 0 (\leqslant 0)$，则破产阈值 $b(q^*)$ 和银行的利率 $r(q^*)$ 都是 θ 的增（减）函数。

（iii）当 $\theta = \alpha$，且若 $H_\alpha^2 \leqslant 0 (\geqslant 0)$，零售商的利润 $\pi^R(q^*)$ 是 α 的增（减）函数。

引理 3 - 4 的证明： $H^1(q^*, b(q^*), \theta) = 0$ 和 $H^2(q^*, b(q^*), \theta) = 0$ 的全微分如下：

$$H_{b(q^*)}^1 db(q^*) + H_{q^*}^1 dq^* + H_\theta^1 d\theta = 0,$$

$$H_{b(q^*)}^2 db(q^*) + H_{q^*}^2 dq^* + H_\theta^2 d\theta = 0$$

注意，$\dfrac{\partial G(b(q^*))}{\partial b(q^*)} \leqslant 0$，$\dfrac{\partial \pi^R(b(q^*))}{\partial b(q^*)} \geqslant 0$ 和 $G(b(q^*)) \geqslant 0$。

所以有如下结论：

$$H_{b(q^*)}^1 = \overline{F}(q^*) \frac{\partial G(b(q^*))}{\partial b(q^*)} + \frac{\tau w}{1 - \tau} \cdot \frac{\overline{F}(t(q^*))}{\overline{F}(b(q^*))}$$

$$[z(b(q^*)) - z(t(q^*))] \leqslant 0, \quad H_{q^*}^2 = w \geqslant 0$$

$$H_{q^*}^1 = -f(q^*) G(b(q^*)) \leqslant 0,$$

$$H_{b(q^*)}^2 = -\overline{F}(b(q^*)) G(b(q^*)) \leqslant 0$$

令 $A = H_{b(q^*)}^2 H_{q^*}^1 - H_{b(q^*)}^1 H_{q^*}^2$，$A_{q^*} = H_\theta^2 H_{b(q^*)}^1 - H_\theta^1 H_{b(q^*)}^2$ 和 $A_{b(q^*)} = H_\theta^1 H_{q^*}^2 - H_\theta^2 H_{q^*}^1$，则有 $A \geqslant 0$。

（i）若 $H_\theta^1 \geqslant 0 (\leqslant 0)$ 和 $H_\theta^2 \leqslant 0 (\geqslant 0)$，则有 $A_{q^*} \geqslant 0 (\leqslant 0)$，且

$$\frac{dq^*}{d\theta} = \frac{A_{q^*}}{A} \geqslant 0 (\leqslant 0)。$$

（ii）注意，$r(q^*) = \dfrac{b(q^*)}{R^B(b(q^*))} - 1$，则有 $\dfrac{dr(q^*)}{db(q^*)} =$

$$\frac{1}{(R^B(b(q^2)))^2}(R^B(b(q^*))-b(q^*)\overline{F}(b(q^*))G(b(q^*)))。记$$

$$\Delta(b(q^*))=R^B(b(q^*))-b(q^*)\overline{F}(b(q^*))G(b(q^*))。由于$$

$$\Delta(0)=0,\ \frac{d\Delta(b(q^*))}{db(q^*)}\geq0,\ 则有\Delta(b(q^*))\geq0,\ 即\frac{dr(q^*)}{db(q^*)}\geq0。$$

若 $H_\theta^1 w+f(q^*)\cdot G(b(q^*))H_\theta^2\geq0(\leq0)$，有 $A_{b(q^*)}\geq0(\leq0)$，且

$$\frac{db(q^*)}{d\theta}=\frac{A_{b(q^*)}}{A}\geq0(\leq0),\ 则\frac{dr(q^*)}{d\theta}=\frac{dr(q^*)}{db(q^*)}\cdot\frac{db(q^*)}{d\theta}\geq0(\leq0)。$$

（iii）由于 $\overline{F}(q^*)G(b(q^*))-w-\dfrac{\tau w}{1-\tau}\left[1-\dfrac{\overline{F}(b(q^*)+K)}{\overline{F}(b(q^*))}\right]=0$，

则有 $\dfrac{d\pi^R(q^*)}{d\alpha}=\dfrac{\partial\pi^R(q^*)}{\partial q^*}\cdot\dfrac{\partial q^*}{\partial\alpha}+\dfrac{\partial\pi^R(q^*)}{\partial b(q^*)}\cdot\dfrac{\partial b(q^*)}{\partial\alpha}=(1-\tau)\overline{F}(q^*)$

$$\frac{A_{q^*}}{A}+[\tau\overline{F}(t(q^*))-\overline{F}(b(q^*))]\frac{A_{b(q^*)}}{A}=\frac{H_\alpha^2}{A}\{(1-\tau)\overline{F}(q^*)H_{b(q^*)}^1-$$

$$[\tau\overline{F}(t(q^*))-\overline{F}(b(q^*))]H_{q^*}^1\}=-\frac{(1-\tau)\overline{F}(q^*)}{w}\cdot H_\alpha^2。则\ H_\alpha^2\leq0$$

(≥0)，$\pi^R(q^*)$ 是 α 的增（减）函数。

证毕。

定理 3-2 的证明： 令 $\theta=\tau$，α，K，定义和引理 3-4 一样的 $H^1(q^*,\ b(q^*),\ \theta)$ 和 $H^2(q^*,\ b(q^*),\ \theta)$。$H^1(q^*,\ b(q^*)$，$\theta)$ 和 $H^2(q^*,\ b(q^*),\ \theta)$ 分别对 τ、α、K 求导，可得：

$$H_\tau^1=-\frac{w}{(1-\tau)^2}\left[1-\frac{\overline{F}(t(q^*))}{\overline{F}(b(q^*))}\right]\leq0,\ H_\tau^2=0$$

$$H_\alpha^1=\overline{F}(q^*)b(q^*)z(b(q^*))\geq0$$

$$H_\alpha^2=-\int_0^{b(q^*)}xf(x)dx\leq0,$$

$$H_K^1 = -\frac{\tau w}{1-\tau} \cdot \frac{f(t(q^*))}{\overline{F}(b(q^*))} \leq 0, \ H_K^2 = -1 \leq 0。$$

则由引理 3-4 可得：

$$\frac{dq^*}{d\tau} \leq 0, \ \frac{db(q^*)}{d\tau} \leq 0, \ \frac{dr(q^*)}{d\tau} \leq 0, \ \frac{dq^*}{d\alpha} \geq 0, \ \frac{d\pi^R(q^*)}{d\alpha} \geq 0,$$

$$\frac{db(q^*)}{dK} \leq 0, \ \frac{dr(q^*)}{dK} \leq 0$$

从引理 3-4 的证明可知，$\dfrac{d\pi^R(q^*)}{d\tau} = -\dfrac{(1-\tau)\overline{F}(q^*)}{w} \cdot H_\tau^2 +$

$\dfrac{\partial \pi^R(q^*)}{\partial \tau} = -\left(\displaystyle\int_0^{q^*} \overline{F}(x)dx - t(q^*)\right)^+ \leq 0。$ 类似地，$\dfrac{d\pi^R(q^*)}{dK} =$

$-\dfrac{(1-\tau)\overline{F}(q^*)}{w} \cdot H_K^2 + \dfrac{\partial \pi^R(q^*)}{\partial K} = \dfrac{(1-\tau)\overline{F}(q^*)}{w} - 1。$ 则当 $(1-\tau)\overline{F}$

$(q^*) \leq w$ 时，有 $\dfrac{d\pi^R(q^*)}{dK} \leq 0$；否则，$\dfrac{d\pi^R(q^*)}{dK} > 0$。另外，从定

理 3-1（ii）可知，$(1-\tau)\overline{F}(q^*) \leq w$ 与 $\tau \geq \dfrac{\overline{F}(b(q_L^*))}{\overline{F}(t(q_L^*))}(1-G$

$(b(q_L^*)))$ 等价。

零售商的最优订购量满足 $q^*z(q^*) \leq 1$，又因为 $q \geq t(q) \leq b(q)$，且 $qz(q)$ 是 q 的函数，所以有 $b(q^*)z(b(q^*)) \leq 1$。注意，$G(b(q^*)) = 1-(1-\alpha)b(q^*)z(b(q^*))$，所以有 $\alpha \leq G(b(q^*)) \leq 1$。还可以得到 $-\dfrac{\partial G(b(q^*))}{\partial b(q^*)} = (1-\alpha)(z(b(q^*))+b(q^*)z'(b(q^*))) \geq (1-\alpha)z(b(q^*))$。所以，有

$$A_{q^*} = H_K^2 H_{b(q^*)}^1 - H_K^1 H_{b(q^*)}^2 = -H_{b(q^*)}^1 - \frac{\tau w}{1-\tau}G(b(q^*))f(t(q^*))$$

$$\geq z(b(q^*))\left[(1-\alpha)\overline{F}(q^*)-\frac{\tau w}{1-\tau}\frac{\overline{F}(t(q^*))}{\overline{F}(b(q^*))}\right]$$

$$\geq z(b(q^*))\left[\overline{F}(q^*)-\frac{w}{1-\tau}\right]$$

则如果 $(1-\tau)\overline{F}(q^*)\geq w$，有 $A_{q^*}\geq 0$，即 $\dfrac{dq^*}{dK}=\dfrac{A_{q^*}}{A}\geq 0$。

证毕。

推论 3-1 的证明：

（i）若 $\alpha=1$，则从等式（3-3）和银行的预期总支付方程可

得到 $wq-K=\displaystyle\int_0^{b(q)}\overline{F}(D)dD$。所以当 $\tau=0$ 时，有 $\pi^R(q)=\displaystyle\int_0^q\overline{F}(D)-$

wq，且 $\overline{F}(q^*)=w$。所以有 $q_H^*=q_L^*$，$\pi_H^R(q_H^*)=\pi_L^R(q_L^*)$。

（ii）由于在区域 H，有 $\alpha=1$，则从定理 3-2（ii）可得到该

结论。

（iii）当 $\alpha=1$，可以得到 $G(b(q^*))=1$ 和 $\dfrac{\overline{F}(b(q^*))}{\overline{F}(t(q^*))}(1-G$

$(b(q^*)))=0\leq\tau$。所以从定理 3-2（iv）可知，$\pi_H^R(q_H^*)\leq\pi_L^R$

(q_L^*)。

定理 3-3 的证明： 当 $q\leq q_K$ 时，$b(q^*)=0$，且 q^*、$\pi^R(q^*)$

都与 α、K 无关。注意 $\dfrac{d\pi^R(q^*)}{d\tau}=\dfrac{\partial\pi^R(q^*)}{\partial q^*}\cdot\dfrac{\partial q^*}{\partial\tau}+\dfrac{\partial\pi^R(q^*)}{\partial\tau}=$

$\dfrac{\partial\pi^R(q^*)}{\partial\tau}=-\left(\displaystyle\int_0^{q^*}\overline{F}(D)dD-wq^*\right)^+\leq 0$。因为 $\pi^R(q^*)$ 是税率 τ

的减函数。令 $H(q^*,\tau)=(1-\tau)[\overline{F}(q^*)-w]-\tau w\overline{F}(wq^*)=0$。则

可以得到 $H_{q^*}=\dfrac{\partial H(q^*,\tau)}{\partial q^*}\leq 0$，$H_\tau=\dfrac{-w\overline{F}(wq^*)}{1-\tau}\leq 0$。利用隐含数

求导可得 $\dfrac{dq^*}{d\tau} \leqslant 0$。

证毕。

引理 3-1 的证明：

（i）令 $V(K_1,\ w) = \overline{F}\left(\dfrac{K_1}{w}\right) - w - \dfrac{\tau}{1-\tau} wF(K_1) = 0$。利用隐函数求

导有 $\dfrac{dK_1}{dw} = \dfrac{z(K_1/w)K_1/w - 1}{z(K_1/w) + L}$，其中 $L = \dfrac{\tau wz(K_1)}{1-\tau}\overline{F}(K_1) > 0$。令 $z'(x) =$

$\dfrac{dz(x)}{dx}$、$L' = \dfrac{dL}{dw}$、$d' = \dfrac{d(K_1/w)}{dw}$，则可以得到 $d' = \dfrac{-w - LK_1}{w^2(z(K_1/w) + L)} <$

0，$z'(x) > 0$。

还有，可以得到 $\dfrac{d^2K_1}{dw^2} = \dfrac{1}{(z(K_1/w) + L)^2}\left\{\left[z'(K_1/w)\dfrac{K_1}{w} + \right.\right.$

$\left. z(K_1/w)\right]d' \cdot [z(K_1/w) + L] - \left[z(K_1/w)\dfrac{K_1}{w} - 1\right][z'(K_1/w)d' +$

$L']\Big\}$。令 $\overline{w}$ 是满足一阶条件的解，即 $z(K_1/w)K_1/w = 1$。则

$$\dfrac{d^2K_1}{dw^2}\bigg|_{w=\overline{w}} = \dfrac{\left(z'\left(\dfrac{K_1}{w}\right)\dfrac{K_1}{w} + z\left(\dfrac{K_1}{w}\right)\right)\left(z\left(\dfrac{K_1}{w}\right) + L\right)d'}{(z(K_1/w) + L)^2} < 0$$。换句话说，$K_1(w)$

是 w 的单峰函数。这样对于 $K \leqslant \overline{K}$，存在至多两个 w，$0 < w_1 \leqslant w_2 \leqslant 1$ 使得 $K = K_1(w)$。

（ii）显然，在区域 L 和区域 H，都有 q^* 是 w 的连续函数，又因为 $\lim\limits_{q \to q_K} q^* = q_K$。这样 q^* 是 w 的连续函数。在区域 H，有 $\dfrac{dq^*}{dw} <$

0。在区域 L，同样类似引理 3-4 的做法，令 $\theta = w$，可得到 $H_w^1 \leqslant 0$，$H_w^2 \geqslant 0$。所以 q^* 是 w 的递减函数。

（iii）和（iv）从（i）和 $\overline{K}$ 的定义直接可以得到。

证毕。

定理 3-4 的证明： 从零售商的反映函数可知：$\dfrac{dw}{dq} = -\dfrac{f(q) + \tau w^2 f(wq)/(1-\tau)}{B}$，其中，$B = 1 + \dfrac{\tau}{1-\tau} F(wq) + \dfrac{\tau}{1-\tau} wqf(wq) > 0$。所以有

$$\frac{d\pi^M(q)}{dq} = \frac{1-\tau}{B}\left\{ [\,\overline{F}(q) - qf(q) - c\,] - \frac{c\tau}{1-\tau}[\,F(wq) + wqf(wq)\,] \right\}$$

零售商的最优订购量 q_s 满足一阶条件，即满足上面的方程。

注意，由于 $z(x)$ 是递增函数，所以有 $-f'(x) \leqslant \dfrac{f^2(x)}{\overline{F}(x)}$。这样，

$$\frac{d(\overline{F}(q) - qf(q) - c)}{dq}\bigg|_{q=q_s} \leqslant -f(q_s) \cdot \left(2 - \frac{q_s f(q_s)}{\overline{F}(x)}\right) = -f(q_s)$$

$$\left[2 - \frac{\overline{F}(q_s) - c - c\tau[\,wq_s f(wq_s) + F(wq_s)\,]/(1-\tau)}{\overline{F}(q_s)}\right] \leqslant 0$$

类似地，由于 $\dfrac{d(wq)}{dq}\bigg|_{q=q_s} = c$，且 $w \leqslant 1$。所以有

$$\frac{d(F(wq) + wqf(wq))}{dq}\bigg|_{q=q_s} \geqslant cf(wq_s) \cdot \left(2 - \frac{wq_s f(wq_s)}{\overline{F}(wq_s)}\right) \geqslant cf(wq_s)$$

$\left(2 - \dfrac{q_s f(q_s)}{\overline{F}(q_s)}\right) \geqslant 0$。这样，就有 $\dfrac{d^2 \pi^M(q)}{dq}\bigg|_{q=q_s} \leqslant 0$，即 q_s 是唯一的最优解。

证毕。

引理 3-2 的证明： 有这样一个结论：令 $\theta = w$，$q^* = q$，$b(q^*) = b(q)$，且运用引理 3-4 相同的方法可得，$A_q = H_w^2 H_{b(q)}^1 - H_w^1 H_{b(q)}^2 \leqslant 0$，$\dfrac{dw}{dq} \leqslant 0$，且 $\dfrac{db(q)}{dq} \geqslant 0$。零售商利润对于 q 的一阶导数为：

$$\frac{d\pi^M(q)}{dq} = (1-\tau)\left(q\,\frac{dw}{dq} + w - c\right) = \frac{(\tau-1)\overline{F}(b(q))G^2(b(q))}{A_q} \cdot$$

$$\left\{\left[\overline{F}(q) - qf(q) - \frac{c}{G(b(q))}\right] - cL_1 - \frac{c\tau}{(1-\tau)G(b(q))}(L_2 + L_3)\right\}$$

零售商的最优订购量 q_b 满足上式的一阶条件。由于 $z(x)$ 是 x 的递增函数，所以，$-\dfrac{\partial G(b(q))}{\partial b(q)} = (1-\alpha)(z(b(q)) + b(q)z'(b(q))) \geqslant 0$。有 $L_1 \geqslant 0$，又因为 $t(q) \geqslant b(q)$，所以有 $L_2 + L_3 \geqslant 0$。这样，就可以得到 $\overline{F}(q_b)(1 - q_b z(q_b)) \geqslant \dfrac{c}{G(b(q_b))} \geqslant 0$，即 $q_b z(q_b) \leqslant 1$。

由于 $G(b(q))$ 是 $b(q)$ 的减函数，且 $\dfrac{db(q)}{dq} \geqslant 0$，所以有 $\dfrac{c}{G(b(q_b))}$ 是 q 的增函数。又知道 $\overline{F}(q) - qf(q)$ 是 q 的减函数，所以，$\overline{F}(q) - qf(q) - \dfrac{c}{G(b(q))}$ 是 q 的减函数。由于 $z(x)$ 是 x 的凸函数，所以有 $-\dfrac{\partial G(b(q))}{\partial b(q)}$ 是 q 的增函数。还有，$\dfrac{d(q\overline{F}(q))}{dq}\bigg|_{q=q_b} = \overline{F}(q_b)(1 - q_b z(q_b)) \geqslant 0$，且 $\overline{F}(b(q))G^2(b(q))$ 也是 q 的减函数，所以有 $\dfrac{dL_1}{dq}\bigg|_{q=q_b} \geqslant 0$。

接着证明 $\dfrac{d(L_2+L_3)}{dq}\Big|_{q=q_b}\geqslant 0$。由于 $\dfrac{d(wq)}{dq}\Big|_{q=q_b}=c$，$t(q)\geqslant$

$b(q)$，$z'(t(q))\geqslant z'(b(q))$，$z(t(q))\geqslant z(b(q))$，$\dfrac{db(q)}{dq}\geqslant 0$，

且 $\overline{F}(b(q))G^2(b(q))$ 也是 q 的减函数，则有：

$$\frac{d(L_2+L_3)}{dq}\Big|_{q=q_b}=\frac{db(q)}{dq}\frac{\overline{F}(t(q))}{\overline{F}(b(q))}[z(t(q))-z(b(q))]\,|_{q=q_b}+$$

$$\left[\frac{qw}{\overline{F}(b(q))G(b(q))}\right]'\frac{\overline{F}(t(q))}{\overline{F}(b(q))}$$

$$[z(t(q))-z(b(q))]\,|_{q=q_b}+$$

$$\frac{db(q)}{dq}\frac{qw}{\overline{F}(b(q))G(b(q))}\frac{\overline{F}(t(q))}{\overline{F}(b(q))}$$

$$[z'(t(q))-z'(t(q))-(z(t(q))-z(b(q)))^2]\,|_{q=q_b}$$

$$\geqslant\frac{db(q)}{dq}\frac{\overline{F}(t(q))}{\overline{F}(b(q))}[z(t(q))-z(b(q))]$$

$$\left[1-\frac{qw}{\overline{F}(b(q))G(b(q))}z(t(q))\right]\Bigg|_{q=q_b}$$

注意，$\left[1-\dfrac{qw}{\overline{F}(b(q))G(b(q))}z(t(q))\right]\Bigg|_{q=q_b}\geqslant\Bigg[1-\dfrac{w}{\overline{F}(q)G(b(q))}$

$qz(q)\Bigg]\Bigg|_{q=q_b}\geqslant 0$，所以 $\dfrac{d(L_2+L_3)}{dq}\Big|_{q=q_b}\geqslant 0$。又因为

$\dfrac{(\tau-1)\overline{F}(b(q))G^2(b(q))}{A_q}\geqslant 0$。所以有 $\dfrac{d^2\pi^M(q)}{d(q)^2}\Big|_{q=q_b}\leqslant 0$，即 q_b 是

唯一的最优解。

证毕。

引理 3-3 的证明：直接从定理 3-4 即可得到。

定理 3-6 的证明：从定理 3-4 和引理 3-2 可知，如果 $c=0$，$q_s=q_b=\bar{q}$。又因为 $\dfrac{dw_s}{d\tau}\leq 0$ 且 $\pi^M(q_s)=(1-\tau)w_s\bar{q}$，有 $\pi^M(q_s)$ 是 τ 的减函数。

类似于定理 3-2 的证明，定义 $H^1(w_b,\ b(q_b),\ \theta)=\bar{F}(q_b)G(b(q_b))-w_b-\dfrac{\tau w_b}{1-\tau}\cdot\left[1-\dfrac{\bar{F}(t(q_b))}{\bar{F}(b(q_b))}\right]=0$，$H^2(w_b,\ b(q_b),\ \theta)=w_bq_b-K-\pi^B(b(q_b))=0$。同样地，令 $A=H^2_{b(q_b)}H^1_{w_b}-H^1_{b(q_b)}H^2_{w_b}$，$A_{w_b}=H^2_\theta H^1_{b(q_b)}-H^1_\theta H^2_{b(q_b)}$，$A_{b(q_b)}=H^1_\theta H^2_{w_b}-H^2_\theta H^1_{w_b}$。因为，$H^1_{w_b}=-1-\dfrac{\tau}{1-\tau}\left[1-\dfrac{\bar{F}(t(q_b))}{\bar{F}(b(q_b))}\right]\leq 0$，$H^2_{w_b}=q_b\geq 0$，所以有 $A\geq 0$。注意，$\pi^M(q_b)=(1-\tau)w_b\bar{q}$。所以，类似引理 3-4 和定理 3-2 的证明，可以得到结论。

证毕。

第4章

税制营改增下资金约束制造商的
最优融资策略

第3章分析了破产成本和企业所得对资金约束供应链决策的影响，但假设资金约束的零售商只能向银行申请贷款，即仅仅考虑银行信用，而没有考虑贸易信用。本章在同时考虑银行信用和贸易信用的情况下，研究营改增对资金约束供应链融资均衡的影响。另外，为了重点研究税制的变化对融资均衡的影响，本章不考虑破产成本和企业所得税。首先，在银行信用和贸易信用下分别研究两种税制下的供应链决策情况；其次，研究了税制和信用对企业决策及其利润的影响，且得到了两种税制下的融资均衡；最后，分析了营改增对供应链效率的影响和制造商内部资金水平对融资均衡的影响。

4.1　引言与问题描述

财政部和国家税务总局从 2016 年 5 月 1 日起在全国范围内全面推开营业税改征增值税（以下简称营改增）试点。征收营业税会存在如重复征税、抵扣中断和征收困难等问题和缺陷，会使企业的决策变得困难。而征收增值税就不存在这些问题。增值税具有税不重征、税收中性等优点，有利于深化产业分工、优化产业结构，特别是有利于服务业的转型和发展（胡怡建，2013）。当下游企业资金不足时，会有两种短期融资渠道：一是从银行贷款，称为银行信用；二是该资金约束企业的上游企业允许其以一定的利息延迟支付货款，称为贸易信用（Cai 等，2014）。

本章的研究是从第三方物流（Third-Party Logistics，3PLs）商给制造商提供物流服务中得到的启发。3PLs 商提供的服务包含产品包装、运输和仓储等服务，而这些服务都是本次营改增的范围。制造商常常要面对资金不足的问题，在这种情况下，制造商可以向银行贷款（银行信用），直接支付 3PLs 商服务款；或者制造商延迟支付服务款给 3PLs 商（贸易信用），等到销售期末，制造商得到全部销售款，扣除增值税后还款给 3PLs 商。所以税制的变化和信用类型一定会对 3PLs 的服务价格决策和制造商的生产量决策产生影响。一方面，在营业税税制下，计税依据是全部营业额，且由于制造商购买 3PLs 的服务是缴纳营业税，所以制造商的税收是不能抵扣的（虽然制造商是缴纳增值税）。同时3PLs商本身缴纳的是营业税，所以其外购产品或者服务所产生的增值税或者营业税也是不能抵扣的。而在增值税税制下，应税对象是增值额，且税收是可以抵扣的。另一方面，相比银行信用，3PLs商在贸易信用下要承担一定的金融风险。这是因为，在贸易信用下，制造商延迟支付货款，如果制造商在销售期末所得到的全部货款小于3PLs商应该所得的合同服务款，3PLs商就会遭受损失。

上面的例子不是唯一的，生产性服务商给制造商提供服务在现实中是很常见的。生产性服务指那些被其他商品和服务的生产者用作中间投入的服务，根据顾乃华等（2006）的分类，生产性服务可有如表4-1所示的类型。

表4-1　生产性服务

活动类型	举例
资源分配和流通相关的活动	金融业、猎头、培训等
产品和流程的设计及与创新相关的活动	研发、设计、工程等
生产组织和管理本身相关的活动	信息咨询、信息处理、财务、法律服务等
生产本身相关的活动	质量控制、维持运转、后勤等
产品的推广和配销相关的活动	运输、市场营销、广告等

本章研究营改增会对资金约束供应链的决策、效率及融资均衡产生什么样的影响。研究问题包括：①当只有一种信用可行时，信用和税制的变化对企业决策及绩效的影响？②营改增是否能提高供应链的效率，促进供应链协调？③当两种信用都可行时，融资均衡在两种税制下分别是什么？

本章研究了不同税制和不同信用的均衡解，并比较了营改增对供应链决策的影响，主要得到如下结论：

（1）在增值税税制下，供应链决策总是与增值税税率无关。

（2）在银行信用下，制造商的最优订购量在增值税税制下会更多。

（3）在贸易信用下，生产性服务商的利润在增值税税制下会更高。

（4）当无风险利率较小且服务成本较高（低）时，银行信用（贸易信用）是唯一的融资均衡；当无风险利率较大时，贸易信用总是唯一的融资均衡。

（5）通过数值计算表明，营改增总能提高供应链效率。

4.2　模型描述及其假设

假设有这样一个供应链模型，该供应链包括一个上游的生产性服务商（以下简称服务商）和一个资金约束的下游制造商。两者都是风险中性的。本书将服务商提供的服务视为制造商的中间投入品（投入品）（Markusen，1989；顾乃华等，2006；胡怡建，2013）。本章的模型以经典的报童模型为框架，即考虑单个时期的单个产品市场，销售价格是确定的且需求 D 是随机的。需求的分布函数为 $F(D)$，它是定义在 $[0, +\infty)$ 的连续函数，且均值是有限的。假设 $F(D)$ 具有递增的故障率，则其广义故障率

（Generalized Failure Rate）（Lariviere 和 Porteus，2001）也是递增的。不失一般性，假设制造商的内部资本水平为 0（资本不为零的情况将在 5.2 节中考虑），且服务商有足够的资金来提供服务。制造商总是可以进入银行市场，若服务商想提供贸易信用，则制造商也可以选择贸易信用来融资。假设制造商不能同时向服务商和银行贷款，只能选择一种信用来融资（Jing 等，2012；Chen，2015）。假设银行市场也是完全竞争的（Mateut 等，2006；Cai 等，2014），或称为公平定价的（Kouvelis 和 Zhao，2011，2012），则银行信用从利息得到的预期收益就等于银行由无风险利率得到的利息收益（Jing 等，2012）。无风险利率 $r_f > 0$[①]。

不失一般性，假设制造商和服务商的固定成本都为零。假设在两种税制下，销售价格 p 都为 1，这样就保证了需求不受税制变化的影响。服务商的边际服务成本为 c。服务商的投入品价格（服务价格）为 w。为了方便，假设制造商只有一种投入品，而这种投入品由其上游的服务商提供（王艺明等，2016）。与第 3 章一样，也假设制造商的产品残值和缺货惩罚成本都为零。

在销售周期开始时，制造商要决定其生产量。制造商以 r 为利息向银行或者服务商贷款 x，假设制造商总是先缴税后还款。则在本时期末，如果制造商在本期的税后（营改增之前和营改增之后制造商都是缴纳增值税的，所以这里是指扣除增值税之后；另外本章所指的税都是营业税或者增值税）收益大于 $(1+r)x$，则它要向银行或者服务商支付 $(1+r)x$，否则，它只能支付在本期所获得的全部税后收益，其他剩余的贷款就不能偿还，即违

---

① 为了方便，本章假设生产性服务商的资金成本为零。生产性服务商的资金成本大于零会降低生产性服务商提供贸易信用的意愿，但不会影响本章的主要结论。

约。所以，制造商具有有限责任（Mateut 等，2006）。假设银行和服务商在营改增之前的营业税率为 b，营改增之后的增值税率为 v，假设制造商的增值税率也为 v[①]。

图 4-1 描述了博弈的事件顺序。具体有以下四个阶段：①服务商（Stackelberg 领导者）决定是否向制造商提供贸易信用；②如果服务商决定提供贸易信用，则宣布一个投入品的单位价格 w_T。否则，宣布一个投入品的单位价格 w_B；③当观察到 w_T 和 w_B 时，制造商（Stackelberg 跟随者）从银行信用和贸易信用中选择其中一种信用（如果服务商有提供贸易信用），并宣布相应的订购量；④如果制造商接受银行信用，则竞争的银行同时宣布一个利息 r_B，制造商向其中一家银行借贷，且向服务商全额支付购买产品的货款。如果制造商接受贸易信用，则在销售周期开始时没有向服务商支付任何货款，等到销售周期结束，制造商收益实现后，才向服务商支付货款[②]。用逆向法求解子博弈完美均衡。

---

① 这里介绍营业税税制和增值税税制的区别。在营业税税制下，其税收以销售额为应税对象，而且营业税是一种价内税，即税金包含在价格中，应纳税额＝含税价格×税率，这里的含税价格即销售价格，如果销售价格是 1，则应纳营业税税收为 b。在增值税税制下，其税收以增值额为应税对象，而且增值税是一种价外税，即税款不包含在商品价格中，销售价格＝商品价格+税款＝商品价格+商品价格×税率。如果销售价格是 1，则税后销售价格（即商品价格）＝ $1/(1+v)$，其销项税额为 $v/(1+v)$。根据财政部、国家税务总局 2016 年 3 月发布的《营改增试点实施方法》第 21 条规定，应纳增值税税额＝销项税额−进项税额。第 24 条规定，进项税额是购买方支付或者负担的增值税额，所以只有其上游企业是缴纳增值税的情况下，购买企业才有进项税额，即才能抵扣。如果其上游企业缴纳的是营业税，则没有进项税，即不能抵扣。

② 两种税制下的博弈顺序是一样的。作为 Stackelberg 领导者，服务商可以决定让制造商选择贸易信用还是银行信用，这是因为服务商既可以宣布足够大的 w_T 使得制造商只能选择银行信用，也可以宣布足够小的 w_T 让制造商选择贸易信用。另外，如果制造商进入市场和不进入市场是一样的，假设其会进入市场。

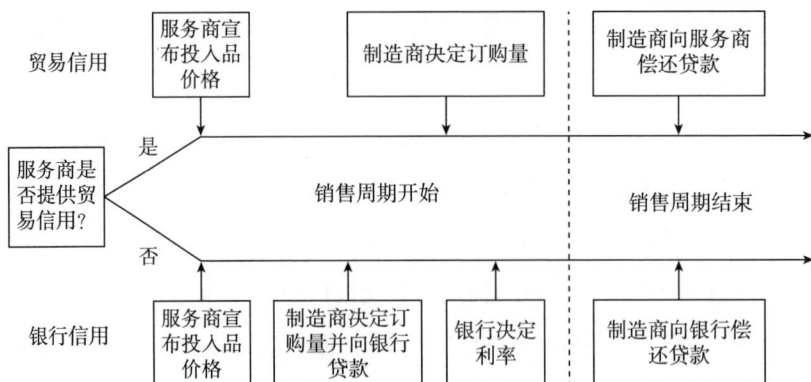

图 4-1　营改增下企业决策事件顺序

用上下标来表示税制类型、信用类型及供应链的参与者，如 π_{ki}^{j} 表示 k 参与者在信用 i 且在税制 j 下的最优利润，$i \in \{B, T\}$、$j \in \{b, v\}$、$k \in \{s, m, b\}$，B、T 分别表示银行信用和贸易信用，b、v 分别表示营业税税制和增值税税制，s、m、b 分别表示服务商、制造商和银行。符号总结在表 4-2 中。

表 4-2　营改增下企业策略变量定义

符号	定义
D	随机需求变量，定义在为 $[0, +\infty)$
$F(\cdot)$	D 的分布函数
$f(\cdot)$	D 的可微概率密度函数
$\overline{F}(\cdot)$	D 的互补分布函数，即 $\overline{F}(\cdot) = 1 - F(\cdot)$
$z(\cdot)$	D 的故障率，即 $z(\cdot) = f(\cdot)/\overline{F}(\cdot)$
$Z(\cdot)$	D 的广义故障率，即 $Z(x) = x \cdot z(x)$
$E(\cdot)$	期望函数
r_f	无风险利率，$r_f \geq 0$
b	营业税税率，$0 \leq b \leq 1$
v	增值税税率，$0 \leq v \leq 1$

符号	定义
$p(=1)$	单位产品零售价
c	单位服务商的服务成本，$0 \leqslant c \leqslant 1$
w	服务商制定的单位投入品价格，$c \leqslant w \leqslant 1$
Q	制造商的生产或订购量
r_B	银行信用下银行决定的利息
r_B^j	税制 j 下银行决定的最优利息
w_i^j	信用 i 且税制 j 下的最优投入品价格
Q_i^j	信用 i 且税制 j 下的最优生产或订购量
π_{ki}^j	k 参与者在信用 i 且税制 j 下的（税后）最优利润

4.3　银行信用

若贸易信用不可行时，制造商只有银行信用一种融资渠道。两种税制下的银行信用和生产流程如图 4-2 所示。其中实线表示销售周期开始，虚线表示销售周期结束。

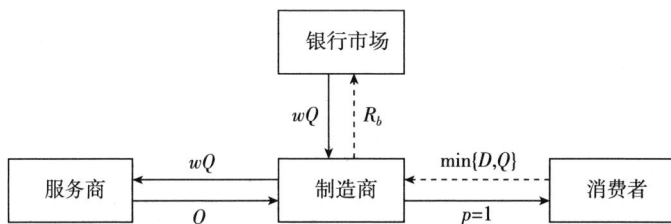

图 4-2　银行信用下的信用和生产流程

4.3.1 营业税税制下的银行信用

由于制造商的税后销售价格和服务商的税后投入品价格分别为 $1/(1+v)$ 和 $(1-b)w$，为了方便，令 $V=1/(1+v)$ 和 $B=1-b$，则 V、B 可分别认为是由增值税和营业税引起的折扣率。假设 $w \leqslant V$、$c \leqslant Bw$。又因为制造商要支付利息，所以假设 $(1+r_B)w \leqslant V$。

银行的利息决策：设制造商的生产量为 Q、制造商的贷款额为 wQ，则银行要选择最优的利息 r_B^b 使得其无风险收益 $(wQ(1+r_f))$ 等于其预期收益。在销售期末，扣除增值税后，制造商的收益为 $V\min\{D, Q\}$，则银行收到预期款 $R_b = E\min\{wQ(1+r_B^b), V\min\{D, Q\}\}$，在没有税收的影响下，银行的公平定价条件如下：

$$wQ(1+r_f) = R_b \tag{4-1}$$

在营改增之前，银行是缴纳营业税的。在营业税的影响下，其由无风险利率得到的利息收益和贷款给制造商得到的预期利息收益都要缴纳营业税，由于式（4-1）左边的利息收益等于右边的预期利息收益，所以两边所要缴纳的营业税税额相等。即在考虑营业税后，式（4-1）保持不变。

制造商的利润：由于服务商和银行都是缴纳营业税的，所以制造商的税收是不能抵扣的，虽然它本身是缴纳增值税的。在销售周期结束后，如果制造商的税后收益大于其债务总额 $[wQ(1+r_B^b)]$，则其会向银行偿还全部债务。由于制造商是有限责任的，所以当其税后收益小于债务总额，其只能支付全部的税后收益。所以制造商的最大化问题是：

$$\underset{Q \geqslant 0}{\text{Max}} E(V\min\{D, Q\} - wQ(1+r_B^b))^+ \tag{4-2}$$

约束条件是式（4-1）。利用 $(x-y)^+ = x - \min\{x,\ y\}$，取 $x=V\min\{D,\ Q\} - wQ$，$y=wQr_B^b$，再把式（4-1）代入式（4-2），可得制造商的利润如下：

$$\underset{Q \geqslant 0}{\text{Max}}\{V \cdot E\min\{D,\ Q\} - wQ - wQr_f\} \tag{4-3}$$

其中，前两项是有税收影响的标准报童问题，而第三项是由无风险利率所得的利息。从式（4-3）可以看出，资金约束对制造商的影响仅仅是其成本增加了，增加的额度刚好是银行由无风险利率所得到的利息。为了保证制造商的收益不小于零，假设 $(1+r_f)w_B^b \leqslant V$，则 $c \leqslant BV/(1+r_f)$。给定投入品价格 w，从式（4-3）可得制造商的最优生产量 $Q_B^b(w)$ 被 $V\overline{F}(Q_B^b) = (1+r_f)w$ 唯一确定。从这里可以看出 Q_B^b 是 w 的递减函数。

服务商的利润： 因服务商是缴纳营业税的，所以其购买产品或者服务所产生的税收也是不能抵扣的。所以其利润函数为 $(Bw-c)Q_B^b$。由于 w 和 Q_B^b 是一一对应的，为了方便，让服务商选择 Q_B^b，所以服务商的利润如下：

$$\underset{Q_B^b}{\text{Max}}\left(\frac{BV}{1+r_f}\overline{F}(Q_B^b) - c\right)Q_B^b \tag{4-4}$$

引理 4-1： 在银行信用且营业税税制下，

（i）最优生产量 Q_B^b 满足 $\overline{F}(Q_B^b) - f(Q_B^b)Q_B^b = \dfrac{c(1+v)(1+r_f)}{1-b}$。

（ii）最优投入品价格 $w_B^b = \dfrac{1}{(1+v)(1+r_f)}\overline{F}(Q_B^b)$。

该引理与 Jing 等（2012）的性质 1 类似，不同的是 Jing 等没有考虑税制对决策的影响，且 $r_f = 0$。但在这里 b、v、r_f 都是常数，所以证明过程是类似的，结论也是成立的。下面得到税率对制造商和服务商决策及其利润的影响。

定理 4-1：在银行信用且营业税税制下，

（ⅰ） Q_B^b 是 b、v 的减函数。

（ⅱ） w_B^b 是 b 的增函数，是 v 的减函数。

（ⅲ） π_{mB}^b、π_{sB}^b 都是 b、v 的减函数。

从定理 4-1 可知，在营业税税制的影响下，资金约束制造商的最优生产量和利润都比在没有考虑营业税（$b=0$）下的最优生产量和利润小，且随着营业税率的增加，其生产量和利润会继续减少。这是由于在营业税的影响下，服务商为了尽量保持其边际收益，会使投入品的价格增加，从而使得制造商的成本增加，而销售价又是固定的，所以随着营业税率的提高，其生产量和利润都会相应地减少。虽然随着营业税率的增加，投入品的价格会增加，但是制造商的生产量会更少，所以服务商的利润会随着营业税率的增加而减小。

当增值税税率变大时，生产量和投入品的价格都变小，这是因为，随着增值税率的增加，制造商的边际收益会变少，所以其订购量也会变少。这时服务商会降低投入品的价格来激励制造商订购更多的服务。

4.3.2 增值税税制下的银行信用

银行的利息决策：全面营改增，金融业也在其中。在增值税税制下，制造商的收入如下：

$$R_m = \min\{D, Q\} - \frac{v}{1+v}\min\{D, Q\} + \frac{v}{1+v}wQ + \frac{v}{1+v}wQr_f \quad (4-5)$$

其中，式（4-5）右边的第一项为税前收入，第二项为销项税，第三项为由向服务商购买服务得到的进项税，第四项为由银行信用得到的进项税①。则银行得到的预期款为 $R_b = E\min\{wQ(1+r_B^v), R_m\}$，银行的公平定价等式如下：

$$wQ(1+r_f) = R_b \tag{4-6}$$

制造商的利润： 与 4.3.1 节类似，可得制造商的利润如下：

$$\frac{1}{1+v}\underset{Q\geqslant 0}{\text{Max}}\{E\min\{D, Q\} - (1+r_f)wQ\} \tag{4-7}$$

为了保证制造商的利润不小于零，假设 $(1+r_f)w \leqslant 1$，则有 $(1+r_f)c \leqslant 1$。给定 w，Q_B^v 可由 $\overline{F}(Q_B^v) = (1+r_f)w$ 唯一得到。

服务商的利润： 服务商需缴纳的增值税为 $\dfrac{v}{1+v}wQ_B^v - \dfrac{v}{1+v}cQ_B^v$（进项税减去销项税），所以服务商的利润如下：

$$\underset{Q_B^v}{\text{Max}}\ \frac{1}{1+v}\left(\frac{1}{1+r_f}\overline{F}(Q_B^v) - c\right)Q_B^v \tag{4-8}$$

类似 4.3.1 节的分析和证明，可以得到银行信用且增值税税制下的最优订购量和最优投入品价格，并得到税率对制造商和服务商决策及其利润的影响。相关的证明省略。

引理 4-2： 在银行信用且增值税税制下，

（i）最优生产量 Q_B^v 满足 $\overline{F}(Q_B^v) - f(Q_B^v)Q_B^v = c(1+r_f)$。

（ii）最优投入品价格 $w_B^v = \dfrac{1}{1+r_f}\overline{F}(Q_B^v)$。

定理 4-2： 在银行信用且增值税税制下，

（i）Q_B^v、w_B^v 与 v 无关。

（ii）π_{sB}^v、π_{mB}^v 都是 v 的减函数。

与在营业税税制下的决策不一样，在增值税税制下，资金约

---

① 由于银行市场是完全竞争的，所以银行的预期销项税总是等于由无风险收益得到的销项税，为 $(v/(1+v))wQr_f$，即为制造商的进项税。

束制造商的最优生产量与服务商的最优投入品价格不受增值税税率的影响。这是因为，增值税具有税不重征、中性等特点，制造商只是起到"代收代缴"的作用，税负都转嫁给消费者。所以营改增的一个好处就是使企业更容易决策。值得注意的是，该性质与罗春林等（2015）的定理 4 和定理 5 类似。这说明在资金约束且银行信用下，制造商和服务商的决策与在资金充足的情况下没差别，唯一的不同只是增加了利息成本。

4.4 贸易信用

现假设银行信用不可行，即制造商不能向银行贷款，这种情况尤其适用于中小型企业，因为中小企业常常面临银行贷款难的问题。现在资金约束制造商只有贸易信用一种短期融资渠道。

4.4.1 营业税税制下的贸易信用

由于制造商的税后销售价格和服务商的税后投入品价格分别为 V 和 Bw，所以假设 $w \geqslant V$，$c \leqslant Bw$，则 $c \leqslant BV$。

制造商的利润：销售周期开始时，制造商向生产性服务商订购 Q 的投入品，在销售期结束后，如果制造商的税后收入 $V\min\{D, Q\}$ 大于 wQ 时，则制造商会向服务商还款 wQ。类似于银行信用，当制造商的税后收益小于其债务总额，则只能支付其全部税后收益。注意税收不能抵扣，所以，给定 w，则制造商的利润如下：

$$\underset{Q \geqslant 0}{\text{Max}} E(V \min\{D, Q\} - wQ)^+ \tag{4-9}$$

引理 4-3： 在贸易信用且营业税税制下，

（i）最优生产量 Q_T^b 被 $\overline{F}(Q_T^b) = (1+v)w\overline{F}(wQ_T^b(1+v))$ 唯一确定。

（ii）Q_T^b 是 w 的减函数。

服务商的利润： 由上面的分析可知，服务商的利润如下：

$$\underset{0 \leqslant w \leqslant V}{\text{Max}} \{E \min\{wQ_T^b, V \min\{D, Q_T^b\}\} - cQ_T^b - bwQ_T^b\} \tag{4-10}$$

其约束条件为：

$$\overline{F}(Q_T^b) = (1+v)w\overline{F}(wQ_T^b(1+v)) \tag{4-11}$$

引理 4-4： 在贸易信用且营业税税制下，

（i）最优的投入品价格 $w_T^b = 1/(1+v)$。

（ii）最优的生产量 Q_T^b 满足 $Z(Q_T^b(1/(1+v))) = 1$。

从引理 4-4 的证明可知，服务商的利润随着延迟投入品价格的增加而增加，所以只要资金约束制造商愿意留在该博弈中，服务商就会尽可能地提高投入品价格，服务商的投入品价格就会是 $1/(1+v)$。该结论与 Jing 等（2012）的性质 3 结论类似，所以在贸易信用下，考虑税收的服务商决策与不考虑税收的服务商决策是类似的，即服务商制定的投入品价格都会等于税后价格 $1/(1+v)$。从上面的分析中可以直接得到下面的结论：

定理 4-3： 在贸易信用且营业税税制下，

（i）Q_T^b 和 w_T^b 都与 b、v 无关。

（ii）π_{sT}^b 是 b、v 的减函数，$\pi_{mT}^b = 0$。

与在银行信用下不同，在贸易信用下，制造商的利润为零，服务商得到全部供应链的利润。这是因为在贸易信用下，服务商不仅是服务的供应方，而且是制造商融资的提供者。所以服务商总会制定最高的投入品价格使其可以得到全部的供应链利润。所以在贸易信用下，最优的投入品价格和最优的订购量都与税率无关。

4.4.2 增值税税制下的贸易信用

增值税税制下的分析与4.4.1节的分析类似，再与4.3.2节的分析相结合，即可得到相关的结论，所以相关的证明省略。

制造商的利润： 给定 w，制造商的利润如下：

$$V \underset{Q \geqslant 0}{\mathrm{Max}} E(\min\{D, Q\} - wQ)^{+} \tag{4-12}$$

引理 4-5： 在贸易信用且增值税税制下，

(i) 最优生产量 Q_T^v 被 $\overline{F}(Q_T^v) = w\overline{F}(wQ_T^v)$ 唯一确定。

(ii) Q_T^v 是 w 的减函数。

服务商的利润： 服务商的利润如下：

$$\frac{1}{1+v} \underset{0 \leqslant w \leqslant 1}{\mathrm{Max}} \{E\min\{wQ_T^v, \min\{D, Q_T^v\}\} - cQ_T^v\} \tag{4-13}$$

其约束条件为：

$$\overline{F}(Q_T^v) = w\overline{F}(wQ_T^v) \tag{4-14}$$

引理 4-6： 在贸易信用且增值税税制下，

(i) 最优的投入品价格为 $w_T^v = 1$。

(ii) 最优的生产量 Q_T^v 满足 $Z(Q_T^v(1)) = 1$。

定理 4-4： 在贸易信用且增值税税制下，

(i) Q_T^v 和 w_T^v 都与 v 无关。

(ii) π_{sT}^v 是 v 的减函数，$\pi_{mT}^v = 0$。

同样，在贸易信用且增值税税制下，服务商会制定最高的投入品价格使其可以获得全部的供应链的利润。同时，制造商的利润为零。所以最优的投入品价格和订购量都与增值税税率无关。

4.5　融资均衡

本节考虑银行信用和贸易信用都可行的情况，比较资金约束制造商和服务商在不同税制、不同信用下的最优决策，分析在不同税制下的融资均衡。

4.5.1　税制和信用对企业决策及利润的影响

假设 w_i^0、Q_i^0 分别是不考虑税制影响（即 $b=0$ 或 $v=0$），且在信用 i 下的最优投入品价格和最优生产量。总结前面的结论，可以得到下面的结论：

定理 4-5：

（i）　$w_B^0 = w_B^v < w_T^0 = w_T^v$，$w_B^b < w_T^b \leqslant w_T^0 = w_T^v$。

（ii）　$Q_B^b \leqslant Q_B^0 = Q_B^v \leqslant Q_T^b = Q_T^v = Q_T^0$。

（iii）　$\pi_{sT}^v \geqslant \pi_{sT}^b$。

从定理 4-5（i）可以看到，不管在什么税制下，贸易信用下的最优投入品价格总是大于银行信用下的最优投入品价格。这是因为，在贸易信用下，服务商不仅承担了服务成本，而且承担了金融风险成本，为了弥补金融风险成本，服务商就会提高最优投入品价格使投入品价格等于税后销售价，前提是只要资金约束制造商愿意留在该市场中。从定理 4-5（ii）可以看到，不管在什么税制下，贸易信用下的最优生产量总是大于或等于银行信用下的最优生产量。这是因为，对于制造商来说，银行信用下的边际成本（$V(1+r_f)w_B^v$）（只说明增值税下的情况，营业税下的情况类似）大于贸易信用下的边际成本（$Vw_T^v\overline{F}(w_T^vQ_T^v)$），所以在贸易信用下，资金约束制造商会订购更多的服务。

从定理 4-5（i）和定理 4-5（ii）可知，不管在什么信用下，增值税税制对制造商和服务商的决策没有影响。即增值税税率不影响制造商的生产量和服务商的投入品价格，从而有利于企业决策。这是因为在增值税税制下，服务商和制造商都只是起到"代收代缴"的作用，符合了增值税具有中性的特点。另外，在银行信用下，增值税税制下最优生产量大于营业税税制下的最优生产量，说明在增值税税制下，制造商的最优生产量会更多。

由定理 4-5（iii）可知，在贸易信用下，增值税制下服务商的利润总比在营业税制下的利润大。这是因为在增值税制下，生产服务商可以进行抵扣，而在营业税制下不能进行抵扣。

4.5.2 两种税制下的融资均衡

从定理 4-5 可以看到：不管在什么税制下，贸易信用下的投入品价格和生产量总是比在银行信用下的投入品价格和生产量大，而且在银行信用下还要承担一定的由无风险利率引起的成本［由式（4-4）和式（4-8）可知］，所以自然得出一个结论就是，对于服务商来说，贸易信用下得到的利润总是比在银行信用下得到的利润大，这样就使贸易信用总是唯一的融资均衡。但是，在贸易信用下，服务商要承担金融风险，当需求大大低于生产量时，制造商就有破产的风险，导致服务商无法得到服务款。所以在无风险利率较小的情况下，银行信用也有可能是一种融资均衡。不管在什么税制下，对于服务商来说，如果贸易信用得到的利润比在银行信用得到的利润大，则服务商可以制定足够高的 w_B^j（可以大于引理 4-1 或引理 4-2 下的最优投入品价格）使制造商不会选择银行信用，从而使贸易信用是融资均衡。另外，当贸易信用得到的利润小于或等于在银行信用下得到的利润，则服务商制定的投入品价格就会是引理 4-1 或引理 4-2 所描述的投入品价格，从而银行信用是唯一的融资均衡。假设当服务商在两种信用下的利润相等时，服务商会使制造商选择银行信用。如果制造商选择贸易信用和银行信用是没有差别的，则假设它会选择贸易信用。

考虑营业税税制下的融资均衡。令 $r_1 = \dfrac{F(Q_T^b)}{F(Q_T^b) - b}$、$c_1 = \dfrac{1-b}{(1+v)(1+r_f)}$，可以得到下面的结论：

定理 4-6：在营业税税制下，

（i）若 $r_f < r_1$，则存在唯一的 c^b，$0 < c^b \leqslant c_1$，使得当 $0 \leqslant c < c^b$ 时，贸易信用是唯一的融资均衡。当 $c^b \leqslant c \leqslant c_1$ 时，银行信用是唯一的融资均衡。

（ii）若 $r_f \geqslant r_1$，则在整个区间 $[0, c_1]$，贸易信用是唯一的融资均衡。

从定理 4-6 可知，融资均衡依赖于无风险利率和服务商的服务成本，在无风险利率较小的情况下，当服务成本较大时，银行信用是唯一的融资均衡；当生产成本较小时，贸易信用是唯一的融资均衡。如前文所述，对于服务商来说，当无风险利率较小时，服务商就有意愿选择银行信用（从上面论述可知，选择哪个信用是由服务商决定的），因为由无风险利率引起的成本就较小。在这种情况下，当服务成本很大时，其融资风险就很大，即潜在的损失就会超过额外的收益，这时服务商就会制定由引理4-1描述的投入品价格，使制造商选择银行信用（因为贸易信用下，其利润为0），所以银行信用是唯一的融资均衡；但当服务成本较小时，其融资风险就较小，这时额外的收益就会超过其潜在的损失，这时服务商会选择贸易信用。

当无风险利率较大时，贸易信用总是唯一的融资均衡。这是因为，当无风险利率较大时，服务商所承担的由无风险利率引起的成本就很大，这时银行信用不再是服务商所要选择的对象，所以贸易信用总是唯一的融资均衡。可以把无风险利率看成是银行的资金成本。由于不完善的金融体系，发展中国家银行的资金成本一般比发达国家银行的资金成本高，所以相比于发达国家，贸易信用在发展中国家会更加常见。

接下来考虑增值税税制下的融资均衡。类似地，令 $r_2 = \dfrac{F(Q_T^v)}{\overline{F}(Q_T^v)}$、$c_2 = \dfrac{1}{1+r_f}$。可以得到下面的结论：

定理 4-7：在增值税税制下，

（i）当 $r_f < r_2$ 时，存在唯一的 c^v，$0 < c^v \leqslant c_2$，使得当 $0 \leqslant c < c^v$ 时，贸易信用是唯一的融资均衡。当 $c^v \leqslant c \leqslant c_2$ 时，银行信用是唯一的融资均衡。

（ii）当 $r_f \geqslant r_2$ 时，则在整个区间 $[0, c_2]$，贸易信用是唯一的融资均衡。

定理4-7的证明与定理4-6的证明类似（证明省略），结论也类似，但值得注意的是，在营业税税制下，融资均衡与营业税税率有关，银行信用融资均衡区域随着营业税税率的增大而减小，而在增值税税制下，融资均衡与增值税税率无关。

为了更好理解服务成本如何影响服务商的利润及其融资均衡。图 4-3 展示了一个算例。其中，需求是 $F(x) = 1 - \exp(-(0.01x)^2)$ 的 Weibull 分布。在营改增之前，现代服务和金融服务的营业税率都是 5%，在营改增之后，其增值税率都是 6%，而生产性服务一般属于现代服务的范畴。所以取 $b = 0.05$、$v = 0.06$。另外，无风险利率 $r_f = 0.03$[①]。这时，$r_1 = 0.707 > r_f$、$r_2 = 0.649 > r_f$，所以由定理 4-6 和定理 4-7 可知，在均衡中，两种信用都会存在。从图 4-3 可以看到，服务商的利润都是随着其服务成本的增加而减少的。在营业税（增值税）税制下，当 $c < 0.73$（0.82）时，服务商在贸易信用下的利润总是大于其在银行信用下的利润。在这种情况下，服务商会在银行信用下制定足够高的价格使得制造商不会选择银行信用，则贸易信用会成为唯一的均衡。而当 $c \geqslant 0.73$（0.82）时，服务商在贸易信用下的利润会小于（或等于）其在银行信用下的利润，这时服务商会根据引理 4-1 或引理 4-2 来制定银行信用下的投入品价格使得制造商选择银行信用，所以银行信用会成为唯一的均衡。通过比较图 4-3 的（a）和（b）可知，在增值税税制下，其贸易信用均衡的区间更大，即服务商更愿意在增值税税制下提供贸易信用，这是因为在增值税税制下，服务商总能得到更高的利润 ［定理 4-5（iii）］。

---

① 在该算例和 4.6 节的数值计算中，需求都是取该 Weibull 分布，参数 b、v、r_f 也都取该数值。为了说明结论的普遍性，本章附录提供了需求满足均匀分布的情况，也可得到类似的结果。

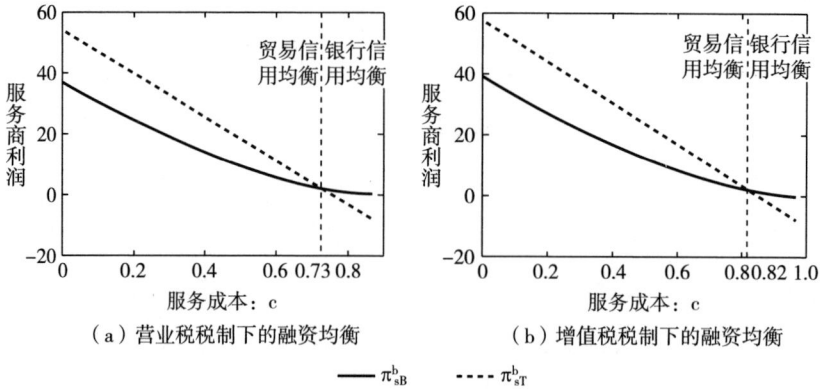

（a）营业税税制下的融资均衡　　　　　（b）增值税税制下的融资均衡

$$\text{---} \ \pi_{sB}^{b} \qquad \text{-----} \ \pi_{sT}^{b}$$

图4-3　服务成本对服务商利润的影响

4.6　扩展

本节研究营改增对供应链效率的影响及制造商内部资本水平对融资均衡的影响。

4.6.1　营改增对供应链绩效的影响

在集中决策的情况下，营业税税制和增值税制下的利润 π_c^b 和 π_c^v 分别是：

$$\pi_c^b = \operatorname*{Max}_{Q} \left\{ (1-b) \min\{D, Q\} - cQ \right\}$$

$$\pi_c^v = \frac{1}{1+v} \operatorname*{Max}_{Q} \left\{ \min\{D, Q\} - cQ \right\}$$

则其最优生产量分别满足 $(1-b)\overline{F}(Q_c^b)=c$ 和 $\overline{F}(Q_c^v)=c$。设 P_i^j 表示信用 i 且税制 j 下的供应链效率，则

$$P_i^j = \frac{\pi_{mi}^j + \pi_{si}^j}{\pi_c^j}$$

通过数值计算得到不同信用下的供应链效率。从图 4-4 可以看到，不管在银行信用下，还是在贸易信用下，增值税制下的供应链效率总是高于营业税制下的供应链效率。甚至在贸易信用下，当服务成本 $c=0.61$ 时，其效率为 1。即分散决策的供应链利润和集中决策的利润是一样的。所以在增值税制下，供应链的效率损失更小。这是因为，在增值税制下，其税收只是起到"代收代缴"的作用。而在营业税制下，其税收抵扣会中断，造成重复征税，致使订购量减少，供应链效率损失更多。从而营改增有利于促进供应链协调。

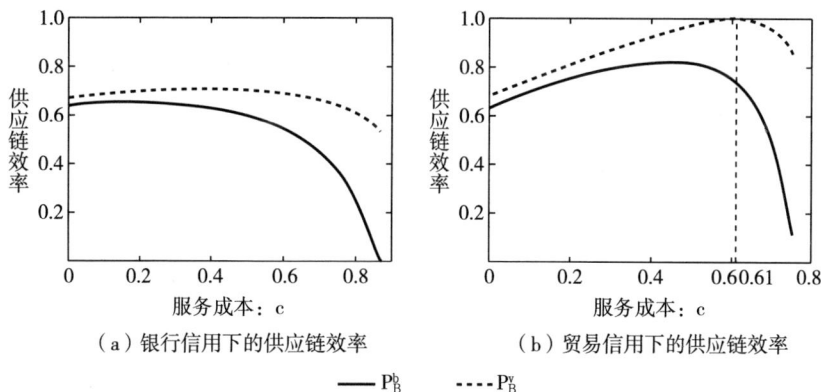

（a）银行信用下的供应链效率　　（b）贸易信用下的供应链效率

$$\text{——} \quad P_B^b \qquad \text{----} \quad P_B^v$$

图 4-4　服务成本对供应链效率的影响

4.6.2　制造商内部资本水平对融资均衡的影响

设制造商内部资本水平为 $K\geqslant 0$，则其贷款额为 $wQ-K$。由于银

行市场是竞争的，所以在银行信用下，资金不足的制造商决策与资金充足的制造商决策是一样的，所以引理 4-1 和引理 4-2 在制造商内部资本不为零的情况下仍然成立。下面考虑贸易信用的情况。

假设 $z(\cdot)$ 是一个凸（Convex）函数，这个假设在供应链融资文献中很常见（Kouvelis 和 Zhao，2011，2012），常见的分布都满足这个假设，如均匀分布、指数分布、Weibull 分布（Shape 参数大于或等于 2）和正态分布等。下面考虑营业税制下的贸易信用问题。

制造商的利润： 与内部资金水平为零的情况下类似，制造商的利润如下：

$$\underset{Q \geq 0}{\text{Max}} E(V \min\{D, Q\} - (wQ-K))^+ \qquad (4-15)$$

引理 4-7： 在营业税税制且贸易信用下，给定 $K \geq 0$，

（ⅰ）最优生产量 Q_T^b 被 $\overline{F}(Q_T^b) = (1+v) w \overline{F}[(wQ_T^b-K)(1+v)]$ 唯一确定。

（ⅱ）Q_T^b 是 w 的减函数。

服务商的利润： 与内部资金水平为零的情况下类似，服务商的利润如下：

$$\underset{cB \leq w \leq V}{\text{Max}} \{ E \min\{wQ_T^b-K, V\min\{D, Q_T^b\}\} - cQ_T^b - bwQ_T^b + K \}$$

$$(4-16)$$

定理 4-8： 在营业税制且贸易信用下，给定 Q_T^b，其最优的投入品价格 w_T^b 是唯一的，且为 $\min\{\overline{w}, V\}$，$\overline{w}$ 满足 $\eta_1(\overline{w})\lambda_1(\overline{w}) = c$，其中 $\lambda_1(w) = V\overline{F}(Q_T^b(w)) - bw$ 和 $\eta_1(w) = \dfrac{1-Z(Q_T^b)}{1-(1+v)wQ_T^b\overline{z}(Q_T^b)}$。

与营业税税制类似的分析方法，可以得到类似的结论（相关的证明省略）。给定 w，制造商的利润和服务商的利润分别如下：

$$V \underset{Q \geqslant 0}{Max} E\{\min\{D,\ Q\} - (wQ-K)\}^{+} \tag{4-17}$$

$$V \underset{c \leqslant w \leqslant 1}{Max}\{\{E\min\{wQ_T^v-K,\ \min\{D,\ Q_T^v\}\} - cQ_T^v+K\} \tag{4-18}$$

定理 4-9：在增值税税制且贸易信用下，给定 $K>0$，

（i）最优生产量 Q_T^v 被 $\overline{F}(Q_T^v) = w\overline{F}(wQ_T^v-K)$ 唯一确定。

（ii）最优的投入品价格是唯一的，$w_T^v = \min\{\overline{w},\ 1\}$，其中 $\overline{w}$

满足 $\eta_2(\overline{w})\overline{F}(Q_T^v(\overline{w})) = c$ 和 $\eta_2(w) = \dfrac{1-Z(Q_T^v)}{1-wQ_T^v z(wQ_T^v-K)}$。

定理 4-8 和定理 4-9 分别给出在制造商内部资本水平不为零下的最优订购量和最优投入品价格。接下来利用数值计算来分析制造商内部资本水平 K 对服务商利润的影响及融资均衡阈值的影响（见图 4-5）。

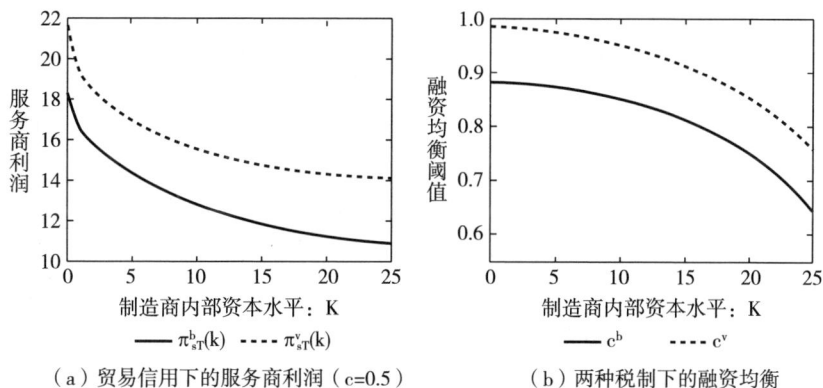

（a）贸易信用下的服务商利润（c=0.5）　　（b）两种税制下的融资均衡

图 4-5　制造商内部资本水平对服务商利润的影响和对融资均衡阈值的影响

从图 4-5（a）可以看出，服务商的利润随着制造商内部资本水平 K 的增加而减少。这是因为，在制造商违约的情况下，其损失会随着 K 的增加而增加。这样制造商的订购量就会减少，从而导致服务商的收益减少。同时，增值税制下的利润比营业税制下的利润大［与定理 4-5（iii）结论一致］。从图 4-5（b）可以

发现，不管在营业税制下，还是在增值税制下，其融资均衡阈值总是随着 K 的增加而减少。因为服务商的利润会随着 K 的增加而减少 [图 4-5（a）]，在这种情况下，服务商就较不愿意提供贸易信用，即贸易信用融资区域就会减小，所以融资均衡阈值会随资本水平的增加而减小。另外，增值税制下的融资均衡阈值总是比在营业税制下的融资均衡阈值大，这是因为，相比于营业税制，增值税制下服务商的利润总是比较大 [图 4-5（a）]，所以服务商会更愿意提供贸易信用。

4.7　本章小结

本章研究了税制营改增下的资金约束供应链融资均衡，模型是基于经典的报童模型，包括一个服务商一个资金约束制造商和银行市场。服务商提供的服务是制造商的投入品，制造商的融资渠道是银行信用和贸易信用。

当只有一个信用可行时，分别研究两种税制对企业决策的影响。研究表明，在银行信用下，企业的利润总是随着税率的增加而减小，但增值税税制下的最优生产量大于营业税税制下的最优生产量。在贸易信用下，服务商在增值税制下的利润总是大于其在营业税制下的利润，所以在一定程度上表明营改增有利于生产性服务业的发展；在贸易信用下，服务商的最优投入品价格和制造商的生产量总是大于银行信用下的投入品价格和生产量，同时最优投入品价格总是等于税后销售价格，从而制造商的利润都为零。在增值税税制下，增值税税率对企业的决策没有影响，即最优生产量和投入品价格与增值税税率没有关系，从而有利于企业决策。通过数值计算表明，不管在哪种信用下，增值税制下的供应链效率总是比在营业税制下的供应链效率高，从而有利于促进供应链协调。

在银行信用和贸易信用都可行的情况下，研究了营改增对融资均衡的影响。研究表明，不管在什么税制下，融资均衡都依赖于无风险利率和服务商的服务成本。在无风险利率较小的情况下，当服务成本较大时，银行信用是唯一的融资均衡；在服务成本较大时，贸易信用是唯一的融资均衡。但当无风险利率较大时，贸易信用总是唯一的均衡。值得注意的是，营业税税制下的融资均衡与其税率有关，而在增值税税制下，融资均衡与其税率无关。所以相比营业税税制，增值税税制更公平、更容易决策，这在一定意义上支撑了国家营改增政策的合理性。

本章证明

1. 相关证明

定理 4-1 的证明：

（i）令 $H(Q_B^b, b) = \overline{F}(Q_B^b) - f(Q_B^b)Q_B^b - \dfrac{c(1+v)(1+r_f)}{1-b}$，注意

$z(\cdot)$ 是递增的，即$-f'(x) \leqslant f^2(x)/\overline{F}(x)$。则有：$H_{Q_B^b} = -2f(Q_B^b) -$

$f'(Q_B^b)Q_B^b \leqslant -f(Q_B^b)\left(2 - \dfrac{f(Q_B^b)Q_B^b}{\overline{F}(Q_B^b)}\right) = -f(Q_B^b)\left(1 + \dfrac{c}{(1-b)w_B^b}\right) < 0$，且

因为 $H_b < 0$，所以有 $\dfrac{\partial Q_B^b}{\partial b} = -\dfrac{H_b}{H_{Q_B^b}} < 0$。即 Q_B^b 是 b 的减函数。同理可

知 Q_B^b 是 v 的减函数。

（ii） 由于 $\dfrac{dw_B^b}{db} = \dfrac{\partial w_B^b}{\partial Q_B^b}\dfrac{\partial Q_B^b}{\partial b} + \dfrac{\partial w_B^b}{\partial b} \geqslant 0$，所以 w_B^b 是 b 的增函数。利

用引理 4 - 1 （i），可得 $\dfrac{dw_B^b}{dv} = \dfrac{\partial w_B^b}{\partial Q_B^b}\dfrac{\partial Q_B^b}{\partial v} + \dfrac{\partial w_B^b}{\partial v} \leqslant \dfrac{-w_B^b}{1+v}$

$\left(1 - \dfrac{c}{c+(1-b)w_B^b}\right) \leqslant 0$，所以 w_B^b 是 v 的减函数。

（iii） 制造商和服务商利润分别是：$\pi_{mB}^b = \dfrac{1}{1+v}\left[E\min\{D, Q_B^b\} -\right.$

$\overline{F}(Q_B^b)Q_B^b]$ 和 $\pi_{sB}^b = \left[(1-b)w_B^b - c\right]Q_B^b$。因为 $\dfrac{d\pi_{mB}^b}{db} = \dfrac{1}{1+v}f(Q_B^b)Q_B^b$

$\dfrac{\partial Q_B^b}{\partial b} \leqslant 0$，所以 π_{mB}^b 是 b 的减函数；$\dfrac{d\pi_B^{mb}}{dv} = -\dfrac{\pi_B^{mb}}{1+v} + \dfrac{1}{1+v}Q_B^b f(Q_B^b)\dfrac{\partial Q_B^b}{\partial v} \leqslant$

0，所以 π_{mB}^b 是 v 的减函数。

由于 $\dfrac{\partial(w_B^b Q_B^b)}{\partial b} = \dfrac{\partial Q_B^b}{\partial b}\left(w_B^b + Q\dfrac{\partial w_B^b}{\partial Q_B^b}\right) = \dfrac{\partial Q_B^b}{\partial b} \cdot \dfrac{c}{1-b}$，则有 $\dfrac{d\pi_{sB}^b}{db} =$

$-w_B^b Q_B^b \leqslant 0$，所以 π_{sB}^b 是 b 的减函数；由 （i） 容易知道，π_{sB}^b 是 v

的减函数。

证毕。

引理 4-3 的证明：

（i）由于 $\dfrac{d\pi_m}{dQ}=\dfrac{1}{1+v}\overline{F}(Q)-w\overline{F}(wQ(1+v))$。则 Q_T^b 满足一阶条件：$\overline{F}(Q_T^b)=(1+v)w_T^b\overline{F}(wQ_T^b(1+v))$。进一步地，由于 $z(\cdot)$ 是递增的，$w\leqslant V$，则有 $\dfrac{d^2\pi_m}{d(Q)^2}\bigg|_{Q=Q_T^b}<0$，所以 Q_T^b 是唯一确定的。

（ii）在 $\overline{F}(Q_T^b)=(1+v)w_T^b\overline{F}(wQ_T^b(1+v))$ 两边同时乘以 Q_T^b，可得 $Q_T^b\overline{F}(Q_T^b)=\dfrac{wQ_T^b}{V}\overline{F}\left(\dfrac{wQ_T^b}{V}\right)$。与 Jing 等（2012）的性质 2 证明类似，定义 $J(Q)=Q\overline{F}(Q)$，则 $w(Q_T^b)$ 可以由 $Q_T^b\overline{F}(Q_T^b)=\overline{Q}_T^b\overline{F}(\overline{Q}_T^b)$ 被确定，其中 $\overline{Q}_T^b=\dfrac{wQ_T^b}{V}\leqslant Q_T^b$。注意 $\dfrac{dJ(Q)}{dQ}=\overline{F}(Q)\cdot(1-Z(Q))$，由于 $Z(\cdot)$ 是递增的，则可得到 $J(Q)$ 在某个区间 $(\underline{D},\overline{D})$ 是单峰函数，有 $Z(\underline{D})<1$ 和 $Z(\overline{D})>1$，所以存在唯一的 q 使 $Z(q)=1$。所以有 $J(Q)$ 在区间 $(\underline{D},q)$ 是严格递增的，在区间 $(q,\overline{D})$ 严格递减的。由 $J(Q)$ 的定义可知，$\overline{Q}_T^b$ 必属于区间 $(\underline{D},q]$，Q_T^b 必在区间 $[q,\overline{D})$。所以 Q_T^b 减小时，$\overline{Q}_T^b$ 必增大，即 $w(Q_T^b)=\dfrac{V\overline{Q}_T^b}{Q_T^b}$ 对于 Q_T^b 是严格递减的，所以 Q_T^b 是 w 的减函数。

证毕。

引理 4-4 的证明： 由引理 4-3（ii）的证明可知，当 $w=V$，有 $\overline{Q}_T^b=Q_T^b=q$，即 Q_T^b 满足 $Z(Q_T^b)=1$。若可以证明 $\dfrac{d\pi_s}{dw}>0$，即当 $w=V$ 时，服务商的利润最大，则结论成立。利用 $\overline{F}(Q_T^b)=(1+v)$

$w_T^b \overline{F}(wQ_T^b(1+v))$，由隐函数求导法则可得：

$$\frac{\partial Q_T^b}{\partial w} = -\frac{1 - Z(wQ_T^b(1+v))}{w[z(Q_T^b) - (1+v)wz((1+v)wQ_T^b)]}$$

由于 $w \leqslant V$，且 $z(\cdot)$ 是增函数，所以上式的分母是大于零的，则由引理 4-3（ii）可知：$1 - Z((1+v)wQ_T^b) > 0$。通过计算可得：

$$\frac{\partial \pi_s}{\partial Q_T^b} = V\overline{F}(Q_T^b) - c - bw$$

$$\frac{\partial \pi_s}{\partial w} = Q_T^b \overline{F}((1+v)wQ_T^b) - bQ_T^b$$

则 $\dfrac{d\pi_s}{dw} = \dfrac{\partial \pi_s}{\partial Q_T^b}\dfrac{\partial Q_T^b}{\partial w} + \dfrac{\partial \pi_s}{\partial w} = -\dfrac{\partial Q_T^b}{\partial w}\left\{c - \dfrac{w(1 - Z(Q_T^b))}{1 - Z((1+v)wQ_T^b)}\left[\overline{F}((1+v)w_T^bQ_T^b)\right.\right.$

$\left.\left. -b\right]\right\}$。所以只要可以证明 $1 - Z(Q_T^b) \leqslant 0$ 和 $\overline{F}((1+v)wQ_T^b) - b \geqslant 0$，

则就有 $\dfrac{d\pi_s}{dw} > 0$。

由引理 4-3（ii）的证明可知：$1 - Z(Q_T^b(1/(1+v))) = 1 - G(q) = 0$。又 $1 - G(Q_T^b(w))$ 是 w 的增函数且 $w \leqslant 1/(1+v)$，则有 $1 - G(Q_T^b) \leqslant 0$。

注意当 $b \to 1$ 时，有 $Q_T^b \to 0$，所以有 $\lim\limits_{b \to 1}[\overline{F}((1+v)wQ_T^b) - b] = 0$，且容易知道 $\overline{F}((1+v)wQ_T^b) - b$ 是 b 的减函数，所以当 $b < 1$ 时，有 $\overline{F}((1+v)wQ_T^b) - b \geqslant 0$。

证毕。

定理 4-5 的证明：

（i）由定理 4-2 可得，$w_B^0 = w_B^v$，但 $w_B^b \leqslant \dfrac{1}{(1+v)(1+r_f)}$，$w_B^v \leqslant$

$\dfrac{1}{1+r_f}$，结合定理 4-3 和定理 4-4 可知结论成立。

（ii）由定理 4-1 可知 $Q_B^b \leqslant Q_B^0$，由定理 4-2 可知 $Q_B^0 = Q_B^v$，所以有 $Q_B^b \leqslant Q_B^0 = Q_B^v$，由定理 4-3 和定理 4-4 可知 $Q_T^b = Q_T^0 = Q_T^v$，所以要证明结论成立，只需证明 $Q_B^v \leqslant Q_T^b$ 成立。由引理 4-4 的证明可知：$1 - Z(Q_T^b) \leqslant 0$，由引理 4-2 可知，Q_B^v 满足 $1 - Z(Q_B^v) = \dfrac{c(1+r_f)}{\overline{F}(Q_B^v)} \geqslant 0$。又因 $Z(\cdot)$ 是递增函数，所以有 $Q_B^v \leqslant Q_T^b$。

（iii）从引理 4-4 和引理 4-6 可知，服务商在增值税税制和营业税税制下的利润分别是 $\pi_{sT}^v = V\min\{D, Q_T^v\} - cVQ_T^v$ 和 $\pi_{sT}^b = V\min\{D, Q_T^b\} - cQ_T^b - bVQ_T^b$。又 $Q_T^b = Q_T^v$，所以有 $\pi_{sT}^v \geqslant \pi_{sT}^b$。

证毕。

定理 4-6 的证明：

（i）分三步证明。令 $\pi_{sB}^b(c)$、$\pi_{sT}^b(c)$ 分别表示服务商在贸易信用和银行信用下关于服务成本的利润函数。令 $\pi^b(c) = \pi_{sT}^b(c) - \pi_{sB}^b(c)$。首先，证明 $\pi^b(c)$ 是 c 的递减函数；其次，证明 $\pi_{sB}^b(0) < \pi_{sT}^b(0)$；最后，证明 $\pi_{sB}^b(c_1) > \pi_{sT}^b(c_1)$。则根据价值定理，存在唯一的 c^b 使 $\pi_{sB}^b(c^b) = \pi_{sT}^b(c^b)$，即结论成立。

第一步：因 $\pi_{sB}^b(c) = ((1-b)w_B^b - c)Q_B^b$，从引理 4-1 可知，$\pi_{sB}^b(c) = -cQ_B^b + \dfrac{1-b}{(1+v)(1+r_f)}\overline{F}(Q_B^b)Q_B^b$，所以有 $\dfrac{d\pi_{sB}^b(c)}{dc} = \dfrac{\partial \pi_{sB}^b(c)}{\partial Q_B^b} \cdot \dfrac{\partial Q_B^b}{\partial c} + \dfrac{\partial \pi_{sB}^b(c)}{\partial c} = -Q_B^b$。另外，由引理 4-3 可知，$w_T^b$、$Q_T^b$ 都与 c 无关，所以对式（4-10）求导可得：$\dfrac{d\pi_{sT}^b(c)}{dc} = -Q_T^b$。且由定理 4-5（ii）

可知，$Q_B^b \leqslant Q_T^b$，所以 $\dfrac{d\pi^b(c)}{dc} \leqslant 0$。

第二步：令 $x_1 = w_B^b Q_B^b (1 + r_B^b)$，证 $h(x) = (1 - b)x + \displaystyle\int_0^{x(1+v)} \left[\dfrac{1}{1+v} y - x \right] dy$ 对 x 单调递增。由于 $\dfrac{dh(x)}{dx} = 1 - b - F(x(1+v))$。容易知当 $b \to 1$ 时，$Q_B^b \to 0$，则 $\dfrac{dh(x)}{dx} \to 0$。但 $\dfrac{dh(x)}{dx}$ 是关于 b 的减函数。所以 $\dfrac{dh(x)}{dx} > 0$。用同样的方法可证 $(1-b)r_f - (r_f + b) \cdot F(x_1(1+v)) > 0$。利用式（4-1），再展开可得：

$$\begin{aligned}
\pi_{sB}^b(0) &= \frac{1-b}{1+r_f}(1+r_f) w_B^b Q_B^b \\
&= \frac{1-b}{1+r_f} x_1 + \frac{1-b}{1+r_f} \int_0^{(1+v)x_1} \left(\frac{1}{1+v} D - x_1 \right) dF(D) \\
&< (1-b)x_1 + \int_0^{(1+v)x_1} \left(\frac{1}{1+v} D - x_1 \right) dF(D)
\end{aligned}$$

令 $x_2 = w_T^b Q_T^b$，由式（4-10）可得：

$$\pi_T^{sb}(0) = (1-b)x_2 + \int_0^{(1+v)x_2} \left(\frac{1}{1+v} D - x_2 \right) dF(D)$$

因为 $w_B^b(1+r_B^b) \leqslant \dfrac{1}{1+v} = w_T^b$，而且由定理4-5（ii）可知，$Q_B^b \leqslant Q_T^b$，所以 $x_1 \leqslant x_2$，又因 $h(x)$ 是增函数，所以 $\pi_{sB}^b(0) < \pi_{sT}^b(0)$。

第三步：由引理4-1可知，当 $c = c_1$ 时、$Q_B^b = 0$ 和 $\pi_{sB}^b(c_1) = 0$。因 $w_T^b = \dfrac{1}{1+v}$，$\pi_{sT}^b(c_1) = c_1 r_f Q_T^b + \dfrac{1}{1+v} \int_0^{Q_T^b} [D - Q_T^b] dF(D)$，则有当 $Q_T^b = 0$ 时，$\pi_{sT}^b(c_1) = 0$。注意当 $r_f < r_1$ 时，$\pi_{sT}^b(c_1)$ 是 Q_T^b 的减函数。所以 $\pi_{sB}^b(c_1) = 0 > \pi_{sT}^b(c_1)$。

（ii）当 $r_f \geqslant r_1$ 时，$\pi_{sT}^b(c_1)$ 是 Q_T^b 的增函数，所以有 $\pi_{sT}^b(c_1) > $

$0 = \pi_{sB}^b(c_1)$。所以在整个区间，贸易信用都是唯一的均衡。

证毕。

引理 4-7 的证明：

（i）由式（4-14）可得：$\dfrac{d\pi_m}{dQ} = \dfrac{1}{1+v}\overline{F}(Q_T^b) - w_T^b\overline{F}((w_T^bQ_T^b - K)$

$(1+v))$。则最优生产量 Q_T^b 满足一阶条件：

$$\overline{F}(Q_T^b) = (1+v)w\overline{F}((wQ_T^b - K)(1+v))$$

进一步地，由于 $z(\cdot)$ 递增，$w \leq V$，可得 $\left.\dfrac{d^2\pi_m}{d(Q)^2}\right|_{Q=Q_T^b} < 0$，所

以 Q_T^b 被唯一确定。

（ii）由隐函数求导法则可得：

$$\dfrac{dQ_T^b}{dw} = -\dfrac{1-(1+v)wQ_T^b\overline{z}(Q_T^b)}{w[z(Q_T^b) - (1+v)w\overline{z}(Q_T^b)]}$$

其中，$\overline{z}(Q_T^b) = z((1+v)(wQ_T^b - K)) \leq z(Q_T^b)$。

由于 $w \leq V$，则上式的分母大于零。接下来证明其分子也大

于零。当 w 给定时，$\dfrac{dQ_T^b(K)}{dK} = -\dfrac{\overline{z}(Q_T^b)}{Vz(Q_T^b) - w\overline{z}(Q_T^b)} < 0$，所以 Q_T^b 是

K 的减函数，有 $1-(1+v)w \cdot Q_T^b(K)\overline{z}(Q_T^b(K)) \geq 1 - G((1+v)wQ_T^b$

$(0)) > 0$。最后一个不等式由引理 4-4 的证明可知，Q_T^b 是 w 的减

函数。

证毕。

定理 4-8 的证明： 与引理 4-4 类似的计算方法，有

$$\dfrac{d\pi_s}{dw} = -\dfrac{\partial Q_T^b}{\partial w}\{c - \eta_1(w)\lambda_1(w)\}$$

因为 $1-(1+v)wQ_T^b\overline{z}(Q_T^b) \geq 1 - (1+v)wQ_T^bz\left(\dfrac{wQ_T^b}{V}\right) \geq 1 - Z\left(\dfrac{wQ_T^b}{V}\right) \geq$

$1-Z(Q_T^b)$，又因为 $1-Z(Q_T^b(K)) \geqslant 1-Z(Q_T^b(0))=0$，所以有 $0 \leqslant \eta_1(w) \leqslant 1$。

接着证对于 $w \in [cB, V]$，π_s 是一个单峰函数或是一个递增函数。若是一个单峰函数，则 w_T^b 满足 $c=\eta_1(w_T^b)\lambda_1(w_T^b)$；若是一个递增函数，则 $w_T^b=V$。

当 $w=cB$ 时，$\eta_1(w)\lambda_1(w) \leqslant \lambda_1(w) \leqslant cB\overline{F}((1+v)(cBQ_T^b-K))-cbB<c$，则 $\dfrac{d\pi_s}{dw}\Big|_{w=cB}>0$。接下来证明 $\eta_1(w)\lambda_1(w)$ 是 w 的增函数。

先证明 $\eta_1(w)$ 是 w 的增函数。由于 $((1+v)wQ_T^b)' \geqslant (Q_T^{b*})'$，$(1+v)wQ_T^b\bar{z}(Q_T^b)=Z((1+v)(wQ_T^b-K))+K(1+v)\bar{z}(Q_T^b)$，$\bar{z}'(Q_T^b) \leqslant z'(Q_T^b)$，则有 $(\eta_1(w))' \geqslant \dfrac{(1-Z(Q_T^b))(Q_T^b)'}{\left(1-\dfrac{wQ_T^b}{V}\bar{z}(Q_T^b)\right)^2}$

$\left[(\bar{z}(Q_T^b)-z(Q_T^b))+\left(\dfrac{wQ_T^b}{V}\bar{z}'(Q_T^b)-Q_T^b z'(Q_T^b)\right)\right] \geqslant 0$。所以 $\eta_1(w)$ 是 w 的增函数。接着证明 $\lambda_1(w)$ 是 w 的增函数。由于 $\dfrac{d\lambda_1(w)}{dw}=$

$\dfrac{\overline{F}(Q_T^b)(V-wQ_T^b\bar{z}(Q_T^b))}{w[1-w\bar{z}(Q_T^b)/Vz(Q_T^b)]}-b$。当 $b \to 1$ 时，$Q_T^b \to 0$，则 $\dfrac{d\lambda_1(w)}{dw}>0$。

又因为 $\dfrac{d\lambda_1(w)}{dw}$ 是 b 的减函数，所以当 $b<1$ 时，都有 $\dfrac{d\lambda_1(w)}{dw}>0$，所以 $\lambda_1(w)$ 是 w 的增函数，则 $\eta_1(w_T^b)\lambda_1(w_T^b)$ 是 w_T^b 的增函数。

则如果在 w 变大到 V 时，$\eta_1(w_T^b)\lambda_1(w_T^b)$ 先超过 c，则 w_T^b 满足 $c=\eta_1(w_T^b)\lambda_1(w_T^b)$，否则，$w_T^b=V$。

证毕。

2. 需求满足均匀分布

当需求满足区间为 $[0,100]$ 的均匀分布时，图 4-3~图 4-5 分别对应下面的图 4-6~图 4-8。

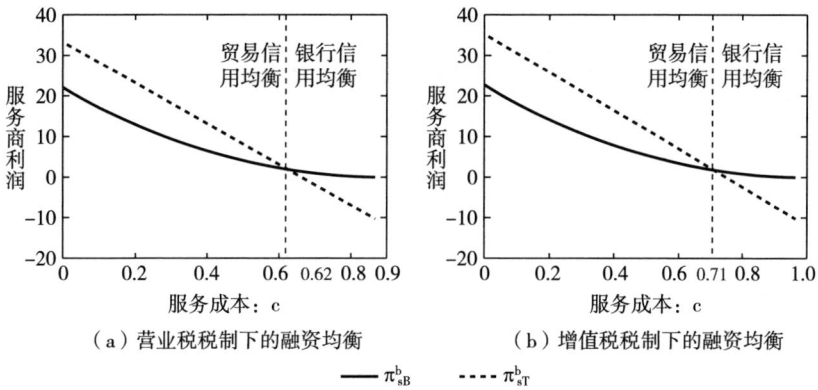

（a）营业税税制下的融资均衡　　　　（b）增值税税制下的融资均衡

π_{sB}^b ——　　　π_{sT}^b ----

图 4-6　服务成本对服务商利润的影响

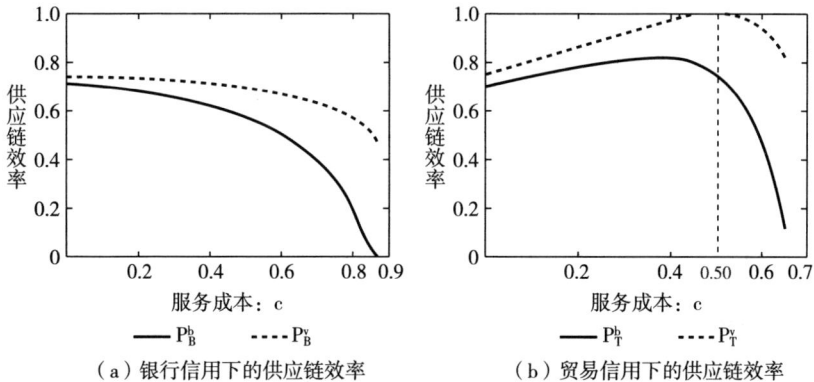

（a）银行信用下的供应链效率　　　　（b）贸易信用下的供应链效率

P_B^b ——　　　P_B^v ----

P_T^b ——　　　P_T^v ----

图 4-7　服务成本对供应链效率的影响

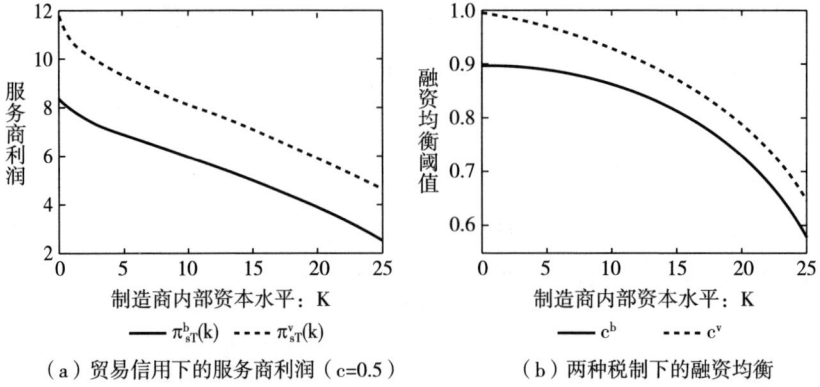

（a）贸易信用下的服务商利润（c=0.5）

（b）两种税制下的融资均衡

图 4-8　制造商内部资本水平对服务商利润的影响和对融资均衡阈值的影响

第 5 章
资金约束供应链下的零件采购策略

第 3 章和第 4 章研究了下游企业资金不足对供应链决策的影响，且需求是随机的，但供给是确定的。本章研究上游企业资金不足对企业采购策略的影响，其中需求是确定的，但供给是不确定的，研究不同的采购策略和融资选择如何影响供应链的决策。在控制采购策略和委托采购策略下，分别研究在两种融资下的最优决策，并分别比较了给定采购策略下的融资选择。在此基础上，比较了不同采购策略下的均衡产品质量，并分析了供应链参与者对于采购策略的偏好问题。

5.1　引言与问题描述

为了提高核心竞争力，设备制造商常常把其制造、组装业务外包给合同制造商。例如，苹果公司（设备制造商）把手机的制造业务外包给富士康（合同制造商），同时，苹果公司也需要采购零部件来制造手机，如手机屏幕、电池和摄像头等。对于设备制造商来说，有两种零部件的采购策略：一是控制策略，即设备制造商向供应商采购零部件，然后交付给合同制造商来组装；二是委托策略，即委托合同制造商向供应商采购零部件。

Amaral 等（2006）指出在委托策略下，合同制造商可能会实施与设备制造商不同的供应商支付策略，从而合同制造商可以控制供应商的现金流。如延迟支付给供应商，利用有关供应商价格的信息，并得到供应商的让步。事实上，供应商常常是资金不足的，且很难直接从银行得到充足的贷款，尤其是在发展中国家。当供应商资金不足时，供应商也许会提高零部件价格，或者供给不足。在这种情况下，设备制造商常常需要从现货市场（一般采购价格会更贵）来采购零部件。

所以，为了解决供应商资金不足的问题，下游的核心企业常常会帮助供应商来获得银行的贷款，即银行融资，或者直接向供应商提供贷款和融资以满足供应商的正常生产，即买方融资（Deng 等，2018）。虽然银行融资和买方融资都可以帮助供应商解决资金不足的问题，但银行融资和买方融资有一些不同。一方面，买方融资可以使设备制造商获得额外的利润，更重要的是，设备制造商可以充分利用买方融资来激励供应商付出更多的努力来提高产品质量，从而更好地协调供应链；另一方面，买方融资会使设备制造商承担更多的融资风险，而如果利用银行融资则不会有融资风险，且可以让设备制造商更加专注在自己的核心领域。

综上所述，资金约束的供应商有两种融资策略：银行融资和买方融资，而下游的设备制造商有两种采购策略：控制策略和委托策略。这样就有四种融资和采购策略：银行融资和控制策略、买方融资和控制策略、银行融资和委托策略、买方融资和委托策略。上述的讨论可以引发下面的两个问题：①在两种采购策略下，设备制造商应该在什么条件下直接提供贷款给其供应商，而不是让供应商向银行贷款？②在供应商资金不足的情况下，设备制造商应该如何选择采购策略？

为了回答上述两个问题，本章利用博弈模型来考虑包含一个资金约束的供应商、一个合同制造商和一个设备制造商组成的一个三级供应链，其中供应商生产零件，而合同制造商把零件转换成最终产品，并把产品交付给设备制造商。在四种采购和融资策略下，供应商需要决定产品的质量（或成功交付的概率）。在生产周期结束时，如果订单的产品质量符合设备制造商的要求，则供应商可以获得合同货款。

本章得到了四种融资和采购策略（即银行融资和控制策略、买方融资和控制策略、银行融资和委托策略、买方融资和委托策略）各自的均衡解。并比较了四种融资和采购策略下的产品均衡质量和供应链参与者偏好。

（1）在控制策略下，如果设备制造商的资金成本大于（小于）无风险利率，则银行融资下的均衡产品质量高于（低于）买方融资下的均衡产品质量，且所有的厂商偏好银行（买方）融资。

（2）在委托策略下，如果设备制造商的资金成本大于无风险利率，则银行融资下的均衡产品质量和设备制造商的利润会大于买方融资下的情况。但是，当设备制造商的资金成本小于无风险利率时，则银行融资下的产品质量和设备制造商的利润仍然可能会大于买方融资下的情况。

（3）如果设备制造商的资金成本小于或等于合同制造商的资金成本，则均衡产品质量在控制策略下会较高，且设备制造商和供应商都偏好于控制策略。

（4）如果设备制造商的资金成本大于合同制造商的资金成本时，则设备制造商和供应商也许偏好控制策略，也许偏好委托策略。且当合同制造商的组装成本增加，或供应商的生产成本增加，或供应商的抵押物价值下降时，设备制造商更不愿意选择控制策略。

5.2 模型描述及其假设

在单个周期内，考虑这样一个三级供应链，该供应链包含一个资金约束的供应商、一个合同制造商和一个设备制造商。由于本章重点考虑的是供应商的供给风险，所以假设市场的需求是确定的，且正规化为1。在生产周期开始时，设备制造商提供一个合同，合同制造商决定组装决策，供应商决定生产决策。在生产周期结束时，供应商零件的生产成本为 c_s，合同制造商的单位组装成本为 c_m，且在组装结束后要把产品交付给设备制造商。假设供应商的内部资金水平为零，但是，供应商有固定资产抵押物，其在生产周期末的价值为 $a(a \leq c_s)$。

假设合同制造商是完全可靠的，即合同制造商在产品组装过程中不存在任何产品组装的质量问题。换句话说，产品质量问题完全来自供应商的零件质量问题，所以，下文所称的产品质量即指供应商的零件质量。假设供应商的零件是不可靠的，且零件初始质量为 q_0，但供应商可以付出努力来提高产品的质量。不失一般性，设 $q_0 = 0$。为了把产品的质量从 0 提高到 $q(0 \leqslant q \leqslant 1)$，供应商需要付出努力的成本（或负效用）为 $kq^2(k>0)$[①]。根据 Chen 和 Lee（2017）的研究，产品质量的问题可以分为两种形式：物理质量问题和软质量问题。物理质量问题包括在婴儿产品中使用含铅油漆或用不合格的原料替代等；而软质量问题，或称为供应商责任（Supplier Responsibility）问题，可以包含不安全的生产过程，工人超负荷生产或没有正确处理废水等。所以，在将零件组装成产品并且将产品交付给设备制造商之前，假设合同制造商不知道零件的质量。换句话说，不管零件的质量怎么样，合同制造商总是要付出成本 c_m 来组装产品。

当设备制造商不从供应商那里采购，或者供应商的零件质量不符合设备制造商的要求。这时，设备制造商需要通过其他渠道来获得产品。设备制造商可以从现货市场中购买产品，也可以从发达国家中的可靠企业那里采购（Chen 和 Lee，2017），或是设备制造商的内部生产（In-house Production）形式（Kayis 等，2013）。假设从这些渠道中采购的产品都是完全可靠的，且产品价格为 w。

当设备制造商从供应商那里采购产品时，设备制造商提供给企业的合同形式是接受合同或者放弃合同（Take-it-or-leave-it）

---

① 提高产品质量的努力可以是监督或者改进生产过程中所付出的努力，这种努力成本是非货币性的，不会在供应商的现金流中考虑（McAfee 和 McMillan，1986；de Véricourt 和 Gromb，2018；Tang 等，2018）。另外，这种二次函数的成本形式在文献中很常用（Li，2013；Karaer 等，2017）。

的形式。假设只要从合同中得到的预期利润大于或等于零，合同制造商和供应商就会接受合同。而设备制造商的利润是从不可靠供应商采购中所节省下来的预期成本（Tang 等，2018）。另外，设备制造商、合同制造商和供应商都是风险中性的，且都是追求利润最大化的。

在控制策略下，一方面，如果供应商将产品成功交付给设备制造商（产品质量满足设备制造商的要求），则设备制造商要给供应商支付合同价格 w_s，否则，设备制造商不用支付货款给供应商。另一方面，由于合同制造商不用对供应商的零件质量负责，所以不管供应商是否最终将产品成功交付给设备制造商，合同制造商总是可以得到合同价格 w_m。

在委托策略下，合同制造商要对供应商的零件质量负责。所以，如果产品最终可以成功交付给设备制造商，则设备制造商要给合同制造商支付合同价格 w_m，合同制造商要给供应商支付合同价格 w_s。否则，设备制造商不用支付货款给合同制造商，合同制造商也不用支付货款给供应商。

在银行融资下，银行决定贷款给供应商的贷款利率 r_a。同样，假设银行市场是完全竞争的，或称为公平定价的，即银行的预期贷款利率为无风险利率 r_f。

在买方融资下，银行没有参与融资活动。这时设备制造商不仅扮演着采购者的角色，而且扮演着融资者的角色。同时，设备制造商要决定贷款给供应商的贷款利率 r_b。假设设备制造商和合同制造商的单位资金成本分别为 r_o 和 r_m。图 5-1 总结了四种供应链结构。

为了方便引用，用上标来表示采购策略和融资策略下相应的数量，用下标来表示供应链参与者，如 π_i^{ij} 表示在 i 采购和 j 融资

（a）控制采购和银行融资　　　　　　　（b）控制采购和买方融资

（c）委托采购和银行融资　　　　　　　（d）委托采购和买方融资

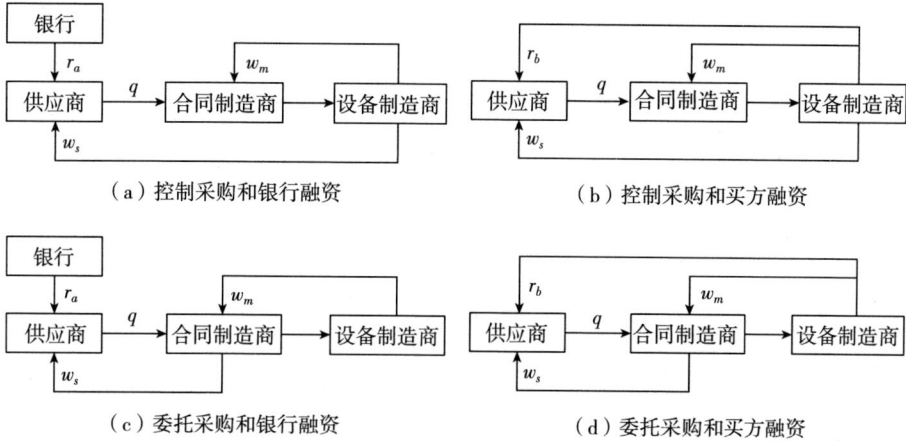

图 5-1　采购和融资策略

策略下供应链参与者 l 的均衡利润。其中，$i \in \{C, T\}$、$j \in \{A, B\}$、$l \in \{o, m, s\}$，C、T 分别表示控制策略和委托策略，A、B 分别表示银行融资和买方融资，o、m、s 分别表示设备制造商、合同制造商和供应商。所有符号总结在表 5-1 中。

表 5-1　企业采购策略变量定义

符号	定义
c_s	供应商零件的生产成本
c_m	合同制造商的组装成本
a	供应商在时间 $t = T$ 时的固定资产抵押物价值，$a \leq c_s$
k	供应商努力成本的系数，$k > 0$
r_f	无风险利率，$r_f \geq 0$
r_o	设备制造商的单位资金成本，$r_o \geq 0$
r_m	合同制造商的单位资金成本，$r_m \geq 0$
w	设备制造商内部生产的成本
w_m	设备制造商提供给合同制造商的合同价格

119

续表

符号	定义
w_s	设备制造商或合同制造商提供给供应商的合同价格
r_a	银行融资下银行给供应商的贷款利率
r_b	买方融资下设备制造商给供应商的贷款利率
q^{ij}	i 采购策略且 j 融资策略下的均衡产品质量
π_l^{ij}	l 参与者在 i 采购策略且 j 融资策略下的均衡利润
q^c	集中决策下的均衡产品质量
π^c	集中决策下的供应链均衡利润

5.3 控制采购策略

本节研究供应链集中决策的情况，主要目的是让其作为一个基准模型，以及方便跟分散决策下的情况进行比较。在集中决策下，单个决策者不用考虑资金约束的问题，也不用考虑如何给供应商和合同制造商制定合同的问题。注意设备制造商的利润是用从供应商采购中所节省下来的预期成本，则预期的供应链利润为 $\pi = w - [c_s + c_m + kq^2 + (1-q)w]$。因此有下面的结论。

定理 5-1：在集中决策供应链下，最优的产品质量为 $q^c = w/(2k)$；最优的供应链利润为 $\pi^c = w^2/(4k) - c_s - c_m$。

定理 5-1 的证明省略。从定理 5-1 可知，设备制造商会向供应商采购当且仅当 $w^2/(4k) \geq c_s + c_m$。所以，为了避免不必要的讨论，假设（c_s，c_m，a）满足下面的条件。

假设 5-1：$0 \leqslant a \leqslant c_s \leqslant c_s + c_m \leqslant w^2/(4k)$。

分别求解控制采购和银行融资策略与控制采购和买方融资策略下的子博弈完美均衡解，接着比较两种策略下的均衡产品质量和供应链效率。值得注意的是，在控制策略下，设备制造商需要提前支付价格给合同制造商，因为在控制策略下，合同制造商不用对供应商的零件质量负责。所以，在生产周期开始时，设备制造商就要支付 w_m 给合同制造商。另外，只有当预期的利润大于或等于零，企业才会参与该采购和生产活动。

5.3.1　控制采购和银行融资

在控制采购和银行融资下，博弈的顺序如下：

（1）提供合同、生产和融资决策（时间 $t=0$）。

1）设备制造商分别提供合同价格 w_m、w_s 给合同制造商和供应商。

2）如果合同制造商或供应商拒绝设备制造商提供的合同，则设备制造商只能从其他渠道采购产品；如果合同制造商和供应商同时接受该合同，则供应商申请向银行贷款。

3）银行基于 w_s 和供应商的抵押物价值 a 制定利率 r_a。

（2）零件生产、组装和交付订单（时间 $t=T$）。

1）供应商基于 w_s 和 r_a 付出努力提高零件质量 q。

2）如果供应商的零件质量符合设备制造商的要求，则供应商从设备制造商那里得到 w_s，且向银行偿还贷款 $(1+r_a)c_s$。如果供应商的零件质量不符合设备制造商的要求，则供应商宣布破产，且银行得到 a[①]。同时，设备制造商只能从其他渠道采购产品。

图 5-1（a）描述了控制采购和银行融资下的采购和融资结构。下面考虑供应链参与者在生产结束时（$t=T$）的利润。首先考虑设备制造商的预期利润。一方面，如果设备制造商从其他渠道采购产品，则其成本为 w。另一方面，如果设备制造商考虑从供应商采购产品，其成本由三个部分组成：①支付给供应商的货款 qw_s（如果供应商成功将产品交付给设备制造商）；②向其他渠道采购产品的成本 $(1-q)w$（如果供应商不能将产品成功交付给设备制造商）；③支付给合同制造商的成本 $w_m(1+r_o)$［设备制造商需要在生产开始时（$t=0$）向合同制造商支付货款］。同时注意到设备制造商的利润是从供应商采购中所节省下来的预期成本。则在生产周期结束后，设备制造商的预期利润如下：

$$\pi_o = w - [qw_s + (1-q)w + w_m(1+r_o)] = q(w-w_s) - w_m(1+r_o)$$

$$(5-1)$$

在采购策略下，合同制造商是提前得到货款的，所以在生产结束时（$t=T$），合同制造商的预期利润如下：

$$\pi_m = w_m(1+r_m) - c_m \qquad (5-2)$$

当供应商成功将产品交付给设备制造商时，供应商可得到收益 $w_s - (1+r_a)c_s$；如果供应商的零件质量不符合设备制造商的要求，则供应商会损失 a。另外，供应商为了提高产品质量而付出的成本为 kq^2。所以，供应商的预期利润如下：

$$\pi_s = q[w_s - (1+r_a)c_s] - (1-q)a - kq^2 \qquad (5-3)$$

其次考虑银行的公平定价条件。一方面，银行从无风险利率

---

① 如果在本章也考虑破产成本，即考虑当供应商破产时，其抵押物贬值的情况，本章的结论依然成立。

中得到总收入为 $c_s(1+r_f)$；另一方面，银行从融资得到的收入为 $q(1+r_a)c_s+(1-q)a$。则银行的公平定价条件是：

$$q(1+r_a)c_s+(1-q)a=c_s(1+r_f) \tag{5-4}$$

注意，设备制造商、合同制造商和供应商的利润都大于或等于零时，设备制造商才会也才能向供应商采购零件，否则，设备制造商不会向供应商采购。利用逆向法求子博弈完美均衡解。令 $c_1=c_s(1+r_f)+c_m(1+r_o)/(1+r_m)$，则有下面的结论[①]。

引理 5-1：在控制采购和银行融资下，均衡产品质量和供应链参与者的利润为：当 $a<c_1-w^2/(8k)$ 时，设备制造商不会向供应商采购。当 $a\geq c_1-w^2/(8k)$ 时，有以下三种情况：

（i）当 $a>\dfrac{w^2}{16k}$ 且 $a<\dfrac{w^2-w\sqrt{w^2-4kc_1}}{2k}-c_1$ 时，则设备制造商不会向供应商采购，这样，均衡产品质量 $q^{CA}=0$，设备制造商、合同制造商和供应商的均衡利润都为零，即 $\pi_o^{CA}=\pi_m^{CA}=\pi_s^{CA}=0$。

（ii）当 $a\leq\dfrac{w^2}{16k}$ 时，则 $q^{CA}=\dfrac{w}{4k}$，且 $\pi_o^{CA}=\dfrac{w^2}{8k}-(c_1-a)$，$\pi_m^{CA}=0$，$\pi_s^{CA}=\dfrac{w^2}{16k}-a$。

（iii）当 $a\geq\max\left\{\dfrac{w^2}{16k},\dfrac{w^2-w\sqrt{w^2-4kc_1}}{2k}-c_1\right\}$ 时，则 $q^{CA}=\sqrt{a/k}$，且 $\pi_m^{CA}=\pi_s^{CA}=0$，$\pi_o^{CA}=w\sqrt{a/k}-(c_1+a)$。

从引理 5-1 和图 5-2 可以看到，当供应商的实际融资额 $(c_s(1+r_f)-a)$ 较大时，一方面，设备制造商要提供很高的合同

[①] 另外，本章的主要目的是比较不同采购和融资策略下的均衡产品质量和供应链绩效，所以为了方便，均衡合同价和均衡利率不出现在正文的性质中，详细可见本章证明。

价格才能使供应商接受合同。另一方面，银行也会制定足够高的利率来减少违约风险，所以，在这种情况下，不存在设备制造商和供应商同时可以接受的合同，即设备制造商不会向供应商采购产品。当供应商的实际融资额和其固定资产的价值 a 较小（ $a \leqslant w^2/(16k)$ ）时，则供应商潜在的损失会很小，且对于提高零件质量的努力也较小。在这种情况下，银行会提高贷款利率来减小风险，同时，设备制造商会提高合同价来减少供应商的负担，且使均衡产品质量保持恒定（ $q^{CA} = w/(4k)$ ）。当供应商的固定资产价值很高时，供应商有很大的意愿来提高产品的质量。预测到供应商的反应，设备制造商会提供一个供应商刚好可以接受的合同价格，则供应商的利润为零。在这种情况下，均衡质量会随着供应商固定资产价值的提高而提高。

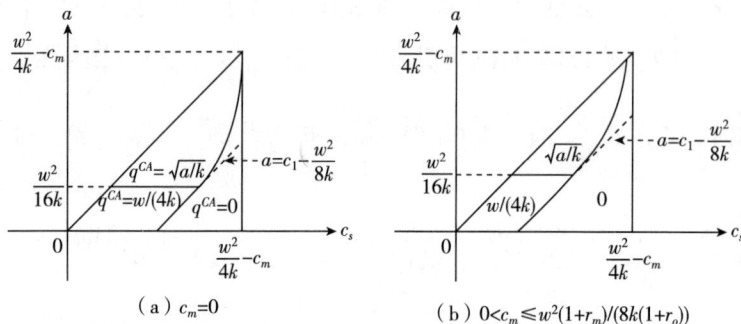

图5-2 控制采购和银行融资下的均衡产品质量

进一步地，从引理5-1可知，当努力的成本系数 k 增大时，均衡产品质量和设备制造商的利润都会降低。这是因为，当供应商努力的效率很小时（即 k 较大时），即供应商会付出较少的努力来提高产品质量，且银行会制定较高的贷款利率。当设备制造商意识到这点时，会提供一个较高的合同价格给供应商来缓解产品质量的降低，所以，设备制造商的利润会减少。

还有，在控制策略下，合同制造商只有决策要不要接受设备制造商提供的合同，且只要其利润不小于零，合同制造商都会接受合同。当设备制造商支付给合同制造商的货款为 w_m，合同制造商在 $t=T$ 的收入就为 $w_m(1+r_m)$。在这种情况下，设备制造商提供给合同制造商的价格就为 $c_m/(1+r_m)$，从而合同制造商的利润总等于零。

最后，从引理 5-1 和图 5-2 可以知道，随着合同制造商组装成本 c_m 的增加、设备制造商资金成本 r_o 的增加或合同制造商资金成本 r_m 的减少（c_1 增大），设备制造商向供应商购买的意愿会减小（$q^{CA}=0$ 的区域变大）。一方面，当 c_m 增大时，设备制造商需要给合同制造商支付更大的合同价格。另一方面，在控制策略下，设备制造商要在生产周期开始时支付货款给合同制造商。所以当 r_m 减少时，设备制造商需要支付更高的合同价格给合同制造商，同时，设备制造商的支付成本会随着其资金成本的增加而增加。结果是设备制造商不愿意向供应商采购产品。所以，只有当

$$c_m \leqslant \frac{w^2}{8k} \frac{1+r_m}{1+r_o}$$

时，设备制造商才有可能向供应商采购零件并且让合同制造商组装产品。

5.3.2　控制采购和买方融资

在控制策略和买方融资下，博弈的顺序如下：

（1）提供合同、生产和融资决策（时间 $t=0$）。

1）设备制造商提供合同价格 w_m 给合同制造商，同时提供合同价格 (w_s, r_b) 给供应商。

2）如果合同制造商或供应商拒绝设备制造商提供的合同，则设备制造商只能从其他渠道采购产品；如果合同制造商和供应商同时接受该合同，则供应商从设备制造商获得买方融资。

（2）零件生产、组装和交付订单（时间 $t=T$ ）。

1）供应商基于 w_s 和 r_b 付出努力提高零件质量 q 。

2）如果供应商的零件质量符合设备制造商的要求，则供应商从设备制造商那里得到 $w_s-(1+r_b)c_s$ 。如果供应商的零件质量不符合设备制造商的要求，则供应商宣布破产，且设备制造商得到 a 。同时，设备制造商只能从其他渠道采购产品。

图 5-1（b）描述了控制采购和买方融资下的采购和融资结构。在买方融资下，银行没有参与融资活动，而设备制造商不仅充当采购者的角色，而且充当融资者的角色。则设备制造商的利润是预期节省下来的运作成本和给供应商融资的收入之和。其从买方融资得到的预期收入为 $q(1+r_b)c_s+(1-q)a-c_s(1+r_o)$ ，所以在生产周期结束时，设备制造商和供应商的预期利润分别如下：

$$\pi_o = q(w-w_s)-w_m(1+r_o)+[q(1+r_a)c_s+(1-q)a-c_s(1+r_o)]$$

$$(5-5)$$

$$\pi_s = q[w_s-(1+r_b)c_s]-(1-q)a-kq^2 \qquad (5-6)$$

而合同制造商的预期利润与银行融资下的一样，即为等式（5-2）。令 $c_2=c_s(1+r_o)+c_m(1+r_0)/(1+r_m)$ ，则有下面的结论。

引理 5-2：在控制采购和买方融资下，均衡产品质量和供应链参与者的利润为：当 $a<c_2-w^2/(8k)$ 时，设备制造商不会向供应商采购。当 $a\geqslant c_2-w^2/(8k)$ 时，有以下三种情况：

（i）当 $a>\dfrac{w^2}{16k}$ 且 $a<\dfrac{w^2-w\sqrt{w^2-4kc_2}}{2k}-c_2$ 时，则设备制造商不会

向供应商采购，这样，均衡产品质量 $q^{CB}=0$，设备制造商、合同制造商和供应商的均衡利润都为零，即 $\pi_o^{CB}=\pi_m^{CB}=\pi_s^{CB}=0$。

（ii）当 $a\leqslant\dfrac{w^2}{16k}$ 时，则 $q^{CB}=\dfrac{w}{4k}$，且 $\pi_o^{CB}=\dfrac{w^2}{8k}-(c_2-a)$，$\pi_m^{CB}=0$，

$\pi_s^{CB}=\dfrac{w^2}{16k}-a$。

（iii）当 $a\geqslant\max\left\{\dfrac{w^2}{16k},\dfrac{w^2-w\sqrt{w^2-4kc_2}}{2k}-c_2\right\}$ 时，则 $q^{CB}=\sqrt{a/k}$，

且 $\pi_m^{CB}=\pi_s^{CB}=0$，$\pi_o^{CB}=w\sqrt{a/k}-(c_2+a)$。

通过比较引理 5-1 和引理 5-2 与图 5-2 和图 5-3 可知，把 $c_s(1+r_o)$ 换成 $c_s(1+r_f)$，买方融资下的均衡产品质量和利润与银行融资下的一样。这是因为，银行融资的融资成本是 r_f，而买方融资的融资成本为 r_o。同样地，只有当 $c_m\leqslant\dfrac{w^2}{8k}\dfrac{1+r_m}{1+r_o}$ 时，设备制造商才有可能向供应商采购零件并且让合同制造商组装产品。

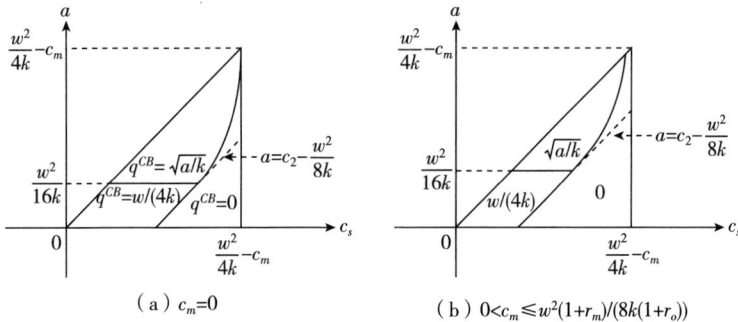

（a）$c_m=0$ （b）$0<c_m\leqslant w^2(1+r_m)/(8k(1+r_o))$

图 5-3 控制采购和买方融资下的均衡产品质量

5.3.3 控制采购下的融资选择

本节比较控制采购和银行融资与控制采购和买方融资下的均

127

衡产品质量和供应链绩效。根据前文有下面的结论：

定理 5-2： 在控制策略下，

（i）如果 $r_o > r_f$，则银行融资下的均衡产品质量大于买方融资下的均衡产品质量。另外，所有企业偏好于银行融资。

（ii）如果 $r_o < r_f$，则银行融资下的均衡产品质量小于买方融资下的均衡产品质量。另外，所有企业偏好于买方融资。

（iii）如果 $r_o = r_f$，则银行融资下的均衡产品质量等于买方融资下的均衡产品质量。另外，所有企业对于银行融资和买方融资的偏好是相同的。

从定理 5-2 可以看到，当设备制造商的资金成本小于无风险利率时，则买方融资的均衡贷款利率会小于银行融资下的均衡贷款利率。结果，供应商在买方融资下的融资成本会较低，从而更愿意付出努力来提高产品质量。因此所有的企业会获得更高的利润，即所有企业偏好于买方融资。现实中，由于缺乏有效的金融市场体系和脆弱的银行与企业关系，发展中国家银行的资金成本常常会高于发达国家银行的资金成本。即在发展中国家，买方融资对于企业来说更具有吸引力。

从定理 5-2（iii）可知，当 $r_o = r_f$ 时，买方融资下的均衡产品质量和供应链效率都和银行融资下的情况相等。原因如下：一方面，在控制策略下，合同制造商仅仅只是决策是否要接受设备制造商提供的合同，所以不管在银行融资下，还是在买方融资下，合同制造商都只获得零利润。另一方面，从引理 5-1 和引理 5-2 的证明可知，在银行融资和买方融资下，供应商的产品质量总是由 $(w_s + a - (1+r)c_s)$ 决定。虽然在买方融资下，设备制造商可以同时决策 w_s 和贷款利率 r，但是，在银行融资下，设备制造商也可以通过决策 w_s 来使供应商的产品质量和买方融资下的情况相等。所以当设备制造商的资金成本等于无风险利率时，买方融资下的决策和银行融资下的决策是一样的。这在一定意义上与 M&M 理论一致，即在一个完美的资本市场里，企业的融资决策和运作决策是可以分开的（Modigliani 和 Miller，1963）。

5.4　委托采购策略

本节考虑委托策略分别在银行融资和买方融资下的供应链决策。接着比较两种融资策略下的均衡产品质量和供应链效率。要注意的是在委托策略下，设备制造商支付给合同制造商的合同款是延迟支付的，而且只有产品质量满足设备制造商的要求才能得到货款。因为在委托策略下，合同制造商要对供应商零件的质量负责。同样地，只有产品质量满足设备制造商的要求，合同制造商才会支付货款给供应商，所以也是延迟支付的。

5.4.1　委托采购和银行融资

在委托采购和银行融资下，博弈的顺序如下：

（1）提供合同、生产和融资决策（时间 $t=0$）。

1）设备制造商提供合同价格 w_m 给合同制造商。

2）如果合同制造商拒绝该合同，则设备制造商只能从其他渠道采购产品；如果合同制造商接受该合同，则会提供一个合同价格 w_s 给供应商。

129

3）如果供应商拒绝该合同，则导致了合同制造商也只能拒绝设备制造商提供的合同，从而设备制造商只能从其他渠道采购产品；如果供应商接受合同制造商提供的合同，则供应商申请向银行贷款。

4）银行基于 w_s 和供应商的抵押物价值 a 制定利率 r_a。

（2）零件生产、组装和交付订单（时间 $t=T$）。

1）供应商基于 w_s 和 r_a 付出努力提高零件质量 q。

2）如果供应商的零件质量符合设备制造商的要求，则供应商从合同制造商那里得到 w_s，且向银行偿还贷款 $(1+r_a)c_s$。同时，设备制造商向合同制造商支付合同价格 w_m。如果供应商的零件质量不符合设备制造商的要求，则供应商宣布破产，合同制造商没有得到任何货款，且银行得到 a。同时，设备制造商只能从其他渠道采购产品。

图 5-1（c）描述了委托采购和银行融资下的采购和融资结构。下面考虑供应链参与者在生产结束时（$t=T$）的利润。与在控制采购下不同的是，在委托采购下，在生产结束时且只有设备制造商成功得到产品时，设备制造商才会向合同制造商支付货款，且合同制造商才会支付货款给供应商。则在生产周期结束时，设备制造商和合同制造商的预期利润分别如下：

$$\pi_o = w - [qw_m + (1-q)w] = q(w-w_m) \tag{5-7}$$

$$\pi_m = qw_m - qw_s - c_m = q(w_m - w_s) - c_m \tag{5-8}$$

而供应商的预期利润和银行的公平定价条件与控制策略下的情况一样，即分别为等式（5-3）和等式（5-4）。令 $c_3 = c_s(1+r_f)+c_m$，则有下面的结论。

引理 5-3：在委托采购和银行融资下，均衡产品质量和供应链参与者的利润为：当 $a < c_3 - w^2/(8k)$ 时，设备制造商不会向供

应商采购，当 $a \geqslant c_3 - w^2/(8k)$ 时，有以下四种情况：

（i）当 $a > \dfrac{w^2}{16k}$ 时，则设备制造商不会向供应商采购，这样，均衡产品质量 $q^{TA} = 0$，设备制造商、合同制造商和供应商的均衡利润都为零，即 $\pi_o^{TA} = \pi_m^{TA} = \pi_s^{TA} = 0$。

（ii）当 $c_3 - \dfrac{w^2}{32k} \leqslant a \leqslant \dfrac{w^2}{64k}$ 时，则 $q^{TA} = \dfrac{w}{8k}$，且 $\pi_o^{TA} = \dfrac{w^2}{16k}$，$\pi_m^{TA} = \dfrac{w^2}{32k} - (c_3 - a)$，$\pi_s^{TA} = \dfrac{w^2}{64k} - a$。

（iii）当 $\max\left\{\dfrac{w^2}{64k}, \dfrac{c_3}{3}\right\} \leqslant a \leqslant \dfrac{w^2}{16k}$ 时，则 $q^{TA} = \sqrt{a/k}$，且 $\pi_o^{TA} = w\sqrt{a/k} - 4a$，$\pi_m^{TA} = 3a - c_3$，$\pi_s^{TA} = 0$。

（iv）当 $c_3 - \dfrac{w^2}{8k} \leqslant a \leqslant \min\left\{c_3 - \dfrac{w^2}{32k}, \dfrac{c_3}{3}\right\}$ 时，则 $q^{TA} = \sqrt{\dfrac{c_3 - a}{2k}}$，且

$\pi_o^{TA} = \sqrt{\dfrac{c_3 - a}{2k}} - 2(c_3 - a)$，$\pi_s^{TA} = 0$，$\pi_s^{TA} = \dfrac{c_3 - 3a}{2}$。

从引理 5-3 和图 5-4 中可以看到，委托策略下的决策比控制策略下的决策更复杂。这是因为在委托策略下，合同制造商不仅要决策是否要接受制造商提供的合同，而且要决策如何制定给供应商的合同。在这种情况下，设备制造商在制定给合同制造商的合同时，必须把合同制造商会如何制定给供应商的合同考虑进来，所以这样就使整个供应链的决策变得更为复杂。同样地，在委托采购和银行融资下，只有当合同制造商的生产成本较小（$c_m \leqslant w^2/(8k)$）时，设备制造商才会考虑向供应商和合同制造商采购产品。

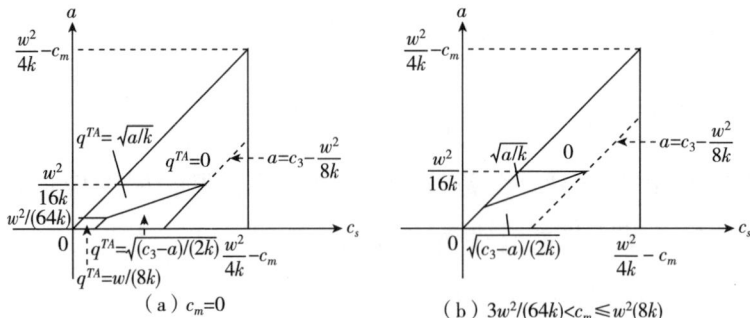

图 5-4　委托采购和银行融资下的均衡产品质量

5.4.2　委托采购和买方融资

在委托采购和买方融资下，博弈的顺序如下：

（1）提供合同、生产和融资决策（时间 $t=0$）。

1）设备制造商提供合同价格 w_m 合同制造商和利率 r_b 给供应商。

2）如果合同制造商拒绝该合同，则设备制造商只能从其他渠道采购产品；如果合同制造商接受该合同，则会提供一个合同价格 w_s 给供应商。

3）如果供应商拒绝该合同，这导致了合同制造商只能拒绝设备制造商提供的合同，从而设备制造商只能从其他渠道采购产品；如果供应商接受合同制造商提供的合同，则供应商向设备制造商贷款。

（2）零件生产、组装和交付订单（时间 $t=T$）。

1）供应商基于 w_s 和 r_b 付出努力提高零件质量 q。

2）如果供应商的零件质量符合设备制造商的要求，则供应商从合同制造商那里得到 w_s，且向设备制造商偿还贷款（$1+r_b$）

c_s。同时，设备制造商向合同制造商支付合同价格 w_m。如果供应商的零件质量不符合设备制造商的要求，则供应商宣布破产，合同制造商没有得到任何货款，且设备制造商得到 a。同时，设备制造商只能从其他渠道采购产品。

图 5-1（d）描述了委托采购和买方融资下的采购和融资结构。同样地，在买方融资下，银行不参与融资业务，而设备制造商不仅有采购产品业务，而且承担融资者的角色。跟控制策略下的一样，设备制造商从买方融资得到的预期收入为 $q(1+r_b)c_s+(1-q)a-c_s(1+r_o)$。则在生产周期结束时，设备制造商预期利润如下：

$$\pi_o = q(w-w_m)+\left[q(1+r_a)c_s+(1-q)a-c_s(1+r_o)\right] \tag{5-9}$$

而合同制造商的利润和供应商的利润分别为等式（5-8）和等式（5-6）。令 $c_4=c_s(1+r_o)$，则有下面的结论。

引理 5-4： 在委托采购和买方融资下，均衡产品质量和供应链参与者的利润为：当 $a<c_4-w^2/(16k)$ 时，设备制造商不会向供应商采购。当 $a\geq c_3-w^2/(16k)$ 时，有以下四种情况：

（i）当 $a<\dfrac{w^2-w\sqrt{w^2-12kc_4}}{18k}-\dfrac{c_4}{3}$，或 $a>\dfrac{w^2+w\sqrt{w^2-12kc_4}}{18k}-\dfrac{c_4}{3}$ 且

$a>\dfrac{w^2}{64k}$，或 $a<2c_m+c_4-w\sqrt{c_m/(2k)}$ 且 $c_m>\dfrac{w^2}{32k}$ 时，则设备制造商不会向供应商采购，这样，均衡产品质量 $q^{TB}=0$，设备制造商、合同制造商和供应商的均衡利润都为零，即 $\pi_o^{TB}=\pi_m^{TB}=\pi_s^{TB}=0$。

（ii）当 $a\leq\dfrac{w^2}{64k}$ 且 $c_m\leq\dfrac{w^2}{32k}$ 时，则 $q^{TB}=\dfrac{w}{8k}$，且 $\pi_o^{TB}=\dfrac{w^2}{16k}-(c_4-a)$，$\pi_m^{TB}=\dfrac{w^2}{32k}-c_m$，$\pi_s^{TB}=\dfrac{w^2}{64k}-a$。

（ⅲ）当 $\max\left\{\dfrac{w^2}{64k},\ \dfrac{c_m}{2},\ \dfrac{w^2-w\sqrt{w^2-12kc_4}}{18k}-\dfrac{c_4}{3}\right\}\leqslant a\leqslant$

$\dfrac{w^2+w\sqrt{w^2-12kc_4}}{18k}-\dfrac{c_4}{3}$时，则 $q^{TB}=\sqrt{a/k}$，且 $\pi_o^{TB}=w\sqrt{a/k}-4a-(c_4-$

$a)$，$\pi_m^{TB}=2a-c_m$，$\pi_s^{TB}=0$。

（ⅳ）当 $2c_m+c_4-w\sqrt{\dfrac{c_m}{2k}}\leqslant a\leqslant\dfrac{c_m}{2}$且 $c_m>\dfrac{w^2}{32k}$时，则 $q^{TB}=\sqrt{\dfrac{c_m}{2k}}$，

且 $\pi_o^{TB}=w\sqrt{\dfrac{c_m}{2k}}-2c_m-(c_4-a)$，$\pi_m^{TB}=0$，$\pi_s^{TB}=c_m/2-a$。

通过比较引理5-3和引理5-4或图5-4和图5-5可知，在委托策略下，即使 $r_f=r_o$，银行融资下的均衡产品质量和均衡利润也同买方融资下的不一样。该结论和定理5-2（ⅲ）的结论不一样。这是因为，虽然在委托策略下，供应商的产品质量同样被 $(w_s+a-(1+r)c_s)$ 决定，但是与在控制策略下不同的是，这时 w_s 是由合同制造商决定的，而不是由设备制造商来决定。另外，注意当 $c_m\geqslant w^2/(32k)$ 时，$a=2c_m+c_4-w\sqrt{c_m/(2k)}$ 是 c_m 的增函数，且当 $c_m=w^2/(8k)$ 时，$2c_m-w\sqrt{c_m/(2k)}=0$。

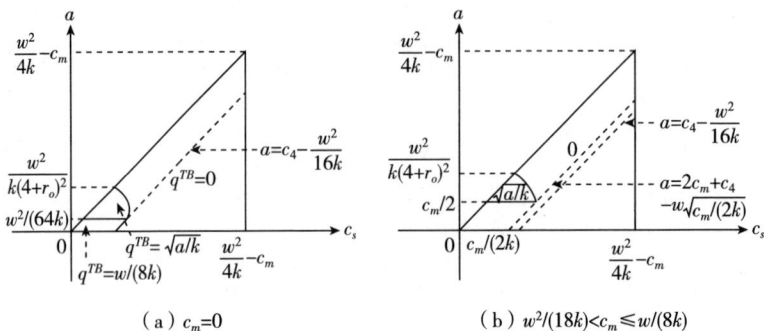

图5-5　委托采购和买方融资下的均衡产品质量

所以只有当 $c_m \leqslant w^2/(8k)$ 时，设备制造商才会考虑向供应商和合同制造商采购产品。

5.4.3　委托采购下的融资选择

本节比较委托采购和银行融资与委托采购和买方融资下的均衡产品质量和供应链绩效。

定理 5-3：在委托策略下，

（i）如果 $r_o > r_f$，买方融资下的均衡产品质量小于银行融资下的均衡产品质量；设备制造商和供应商都偏好于银行融资。

（ii）如果 $r_o < r_f$，有两种情况：

（a）当设备制造商在银行融资下向供应商采购产品时，银行融资下的均衡产品质量会大于买方融资下的均衡产品质量，且供应商对银行融资偏好；否则，银行融资下的均衡产品质量大于买方融资下的均衡产品质量，且供应商会偏好于买方融资。

（b）设备制造商可能偏好于买方融资，也可能偏好于银行融资[①]。另外，随着 c_s 或 c_m 的增大，设备制造商选择买方融资的意愿会增大。

（iii）如果 $r_o = r_f$，买方融资下的均衡产品质量小于银行融资下的均衡产品质量；设备制造商和供应商都偏好于银行融资。

（iv）当设备制造商在买方融资下向供应商采购产品时，合同制造商偏好于买方融资；否则，合同制造商偏好于银行融资。

从定理 5-3（i）说明了当设备制造商的资金成本 r_o 大于无风险利率 r_f 时，它和供应商都会偏好银行融资，且银行融资下的均衡产品质量会大于买方融资下的均衡产品质量。该结论与在控

---

① 设备制造商的具体偏好条件详见其证明。

制策略下的情况一样。

与控制策略不一样的是，从定理 5-3（ii）可以看到，如果 $r_o < r_f$，且银行融资下的均衡产品质量依然可能会大于买方融资下的均衡产品质量，且供应商也可能依然会偏好于银行融资。这是因为，当设备制造商在银行融资下愿意向供应商采购时，相比于买方融资，合同制造商需要制定更高的合同价格给供应商，从而供应商有更大的动力提高产品质量，也能获得较大的利润。还有，当 $r_o < r_f$ 时，设备制造商可能偏好于银行融资，也可能偏好于买方融资。另外，设备制造商选择买方融资的意愿会随着 c_s 或 c_m 的增大而增大。当合同制造商的生产成本增大时，其支付给供应商的合同价会降低，这样就使供应商的生产意愿降低。同样，随着供应商生产成本的增大，供应商生产的意愿也会减小。在委托策略下，相比银行融资，买方融资可以让设备制造商和供应商直接建立联系，这样设备制造商可以适当降低贷款利率来激励供应商进行生产。

从定理 5-2（iii）可知，当设备制造商的资金成本等于无风险利率时，控制策略下的融资决策和运作决策是可以分开的。然而，从定理 5-3（iii）可知，委托策略下的运作决策是和融资决策相关的。这是因为在控制策略下，没有代理成本，而在委托策略下，存在代理成本。所以当存在代理成本时，M&M 理论的假设前提会改变，即融资决策和运作决策是相关的[①]。

从定理 5-3（iv）可以看到，当设备制造商在买方融资下向

---

① 根据 Jensen 和 Meckling（1976）的研究，代理成本由三个部分组成：一是委托人的监督成本（Monitoring Cost），即委托人激励和监控代理人的成本；二是代理人的担保成本（Bonding cost），即代理人用以保证不采取损害委托人行为的成本；三是剩余损失（Residual loss），即委托人因代理人代行决策而产生的一种价值损失。在委托采购策略下，可以把设备制造商看作委托人，把合同制造商看作代理人。

供应商采购产品时，合同制造商会偏好于买方融资。这是因为，在委托策略下，合同制造商可以决策给供应商的合同价格并可以得到大于零的利润。注意在买方融资下，设备制造商决策给供应商的贷款利率，则供应商需要更高的 w_s 才会接受合同。预测到这种情况，设备制造商必须要制定更高的合同价给合同制造商。而合同制造商可以制定合适的合同价给供应商，从而在委托策略下，合同制造商偏好于买方融资。

从定理 5-3 可以得到，在委托策略下，设备制造商、合同制造商和供应商对买方融资和银行融资可能会有不同的偏好。但是，当设备制造商决定买方融资还是银行融资时，合同制造商和供应商只能遵守设备制造商选择的融资策略。这是因为，设备制造商可以在买方融资下制定足够高的利率使供应商只能选择银行融资，也可以在买方融资下制定足够低的利率使供应商选择买方融资。这种融资决策本质是由设备制造商来决策的原因跟上一章制造商决策银行信用还是贸易信用的原因是一样的。

推论 5-1：当 (a, r_o) 满足某些条件时，有 $q^{TA} \geqslant q^{TB}$ 和 $\pi_o^{TA} \leqslant \pi_o^{TB}$ 同时成立。

推论 5-1 说明了在一定条件下，银行融资下的均衡产品质量大于买方融资下的均衡产品质量，而银行融资下的利润小于买方融资下的利润。本章假设的是设备制造商是以利润最大化为目标的，所以在这种情况下，其应该要选择买方融资。但值得注意的是，人们对于产品质量的要求越来越高，特别是对可持续性的产品要求越来越高。同时，当供应商的违法行为被公众发现时，设备制造商可能会损失一些成本，如产品需求的减少、品牌价格的流失等。另外，政府可能也会对那些产品质量较高的企业进行补贴，或者对那些产品质量不好的企业进行罚款。所以，在这种情况下，设备制造商可能会选择银行融资来获得较高的产品质量。

5.5 采购策略选择

本节比较两种采购策略下的均衡产品质量，讨论设备制造商、合同制造商和供应商对于控制策略和委托策略的偏好情况。

5.5.1 均衡产品质量的比较

Amaral 等（2006）提出，控制策略也许可以提高产品的质量。该论述是否在资金约束下的情况也成立，或者在银行融资和买方融资下成立？下面的结论给出了答案。

定理 5-4：（i）如果 $r_o \leqslant r_m$，有 $q^{Cj} \geqslant q^{Tj}$。

（ii）如果 $r_o > r_m$，有两种情况：

（a）当 $a < c_1 - w^2/(8k)$ 时，则 $0 = q^{CA} \leqslant q^{TA}$；否则，$q^{CA} \geqslant q^{TA}$。

（b）当 $a < c_2 - w^2/(8k)$ 时，则 $0 = q^{CB} \leqslant q^{TB}$；否则，$q^{CB} \geqslant q^{TB}$。

定理 5-4（i）说明了当设备制造商的资金成本小于合同制造商的资金成本时，控制策略确实可以提高产品质量，这与 Amaral 等（2006）的论述一致。一方面，当 $r_o \leqslant r_m$ 时，设备制造商在控制策略下有更大的意愿向供应商采购；另一方面，控制策略可以缓解双边际效应（Double Marginalization）。

但是，从定理 5-4（ii）可以看到，当 $r_o > r_m$ 时，则控制策略下的均衡产品质量有可能小于委托策略下的均衡产品质量。原因如下：注意在控制策略下，设备制造商对合同制造商是提前支付的。所以若 $r_o > r_m$，设备制造商不仅要支付更高的合同价给合同制造商，而且其资金成本更大。而在委托策略下，设备制造商对合同制造商是延迟支付的，所以整个供应链决策与合同制造商的资金成本无关。所以，当 $r_o > r_m$ 时，会存在某个 (a, c_s) 区域使在控制策略下，设备制造商不会向供应商采购，而在委托策略下，设备制造商会向供应商采购，从而使委托策略的均衡产品质量有可能大于控制策略下的均衡产品质量。

同理，容易验证四种采购和融资策略下的均衡产品质量都小于集中决策下的均衡产品质量。一方面，当供应商资金不足时，设备制造商对于供应商决策的预测会变得更加困难；另一方面，这四种采购和融资策略都存在双边际效应，特别是在委托策略下。

5.5.2　设备制造商、合同制造商和供应商对采购策略的偏好

前文已经得到了四种采购和融资策略下的利润，本节研究在给定融资策略下，供应商参与者对采购策略的偏好情况。

定理 5-5：

（i）合同制造商总是偏好于委托策略。

（ii）如果 $r_o \leqslant r_m$，设备制造商和供应商都偏好于控制策略。

（iii）如果 $r_o > r_m$，设备制造商和供应商可能偏好于控制策略，也可能偏好于委托策略，偏好哪个采购策略与 a 和 r_0 有关[①]。

---

① 设备制造商的具体偏好条件在本章证明中给出。

另外，随着 c_s 或 c_m 的增大，或 a 的减小，设备制造商使用控制策略的意愿会减少。

定理 5-5（i）说明了合同制造商总是偏好于委托策略。这是因为，在控制策略下，合同制造商仅仅决策要不要接受设备制造商提供的合同，所以在控制策略下，其利润总是零。但在委托策略下，合同制造商可以决策给供应商的合同价，所以在调整给供应商的价格时就有可能会得到大于零的利润。所以不管在哪个融资策略下，合同制造商总是偏好于委托策略。

从定理 5-5（ii）可以看到，若 $r_o \leqslant r_m$，设备制造商总会选择控制策略。一方面，控制策略可以缓解双边际效应。在控制策略下，合同制造商的利润总是等于零，所以可以把三级供应链看成二级供应链。而在委托策略下，合同制造商是要决策给供应商合同价的，所以双边际效应会更强。另一方面，在控制策略下，设备制造商需要提前支付货款给合同制造商。而在委托策略下，设备制造商是要在成功得到产品时才向合同制造商支付货款。所以在采购策略下，设备制造商支付给合同制造商的合同价格会较低，同时设备制造商的资金成本也较小，所以控制采购总是对设备制造商有利的。从定理 5-5（iii）可知，若 $r_o > r_m$，设备制造商可能会选择委托策略。在这种情况下，设备制造商需要支付较高的合同价格给合同制造商，同时其资金成本也较大。则当从高资金成本的损失大于从双边际效应得到的好处时，设备制造商会选择委托策略，反之，选择控制策略。

当合同制造商的生产成本或者供应商的生产成本增大时，则设备制造商采用控制策略的意愿减小。该结果与 Kayis 等（2013）的研究一致，虽然 Kayis 等考虑的是信息不对称且资金充足的情况。有趣的是，与 Wang 等（2014）在 Pull 合同形式

（设备制造商不承担任何库存风险）得到的结果类似，定理 5-5
（iii）也得到，当设备制造商的资金成本小于合同制造商的资金
成本时，设备制造商偏好于控制策略而合同制造商偏好于委托策
略，虽然本章是考虑供应链资金不足的情形。

推论 5-2：

（i）供应链参与者对采购策略的偏好可能不同。

（ii）当（a，r_o）满足某些条件时，有 $q^{Cj} \geqslant q^{Tj}$ 和 $\pi_o^{Cj} \leqslant \pi_o^{Tj}$ 同
时成立。

推论 5-2（i）说明了所有企业对于采购策略的偏好也许不
一样。但是，当设备制造商一旦选择了哪个采购策略，合同制造
商和供应商也只能接受那个采购策略。同样地，推论 5-2（ii）
说明了存在这样一种情况：在控制策略下，产品的质量更高，但
是设备制造商得到的利润更低。这与委托策略下对于银行融资和
买方融资中讨论的类似。换句话说，设备制造商在决策采用什么
采购策略时，要认真思考自己的目标是什么。

5.6　本章小结

本章研究了一个包含一个设备制造商、一个合同制造商和一
个资金约束供应商的三级供应链，其中有两种采购策略——控制
策略和委托策略，以及两种融资策略——银行融资和买方融资。
分别得到这四种采购和融资策略下的均衡解，并比较了均衡产品

质量和供应链利润。

在控制策略下，如果设备制造商的资金成本大于（小于）无风险利率时，则银行融资下的均衡产品质量大于（小于）买方融资下的均衡产品质量，且所有企业偏好于银行（买方）融资。但是，在委托策略下，即使设备制造商的资金成本小于无风险利率，银行融资下的均衡产品质量也可能大于买方融资下的均衡产品质量。在给定的融资策略下，研究了供应链参与者对于采购策略的偏好情况。如果设备制造商的资金成本小于或等于合同制造商的资金成本，则设备制造商和供应商都偏好于控制策略；否则，设备制造商和供应商可能偏好控制策略，也可能偏好委托策略。但不管怎么样，合同制造商总是偏好委托策略。

本章得到两个管理启示：一方面，设备制造商在某个采购和融资策略下可以获得更高利润，但可能会得到更低的产品质量。所以，如果设备商不仅以利润最大化为目标，而且以追求环境、社会效益最大化时，那么其在选择某个策略时要更加慎重。另一方面，由于不成熟的金融市场和脆弱的银行企业关系，发展中国家合同制造商的资金成本可能比在发达国家中的高，所以，当合同制造商位于发展中国家时，设备制造商应该更多地选择控制策略。

本章证明

引理 5-1 的证明：用逆向法求解均衡解。给定合同价格 w_s

和银行的利率 r_a，供应商决定产品质量 $q(w_s, r_a)$。考虑等式（5-3）的一阶条件和二阶条件，可得到供应商的最优反映函数：

$$q(w_s, r_a) = \frac{1}{2k}(w_s + a - (1+r_a)c_s) \tag{5-10}$$

给定 w_s，银行预测到供应商的反映函数为等式（5-10）。这样从等式（5-4）可以得到：

$$r_a(w_s) = \frac{w_s - \sqrt{w_s^2 - 8k(c_s(1+r_f) - a)}}{2c_s} + \frac{a}{c_s} - 1 \tag{5-11}$$

值得注意的是，实际上，从式（5-4）可以得到两个解 $r_a(w_s)$，但在这里排除较大的那个。这是因为，在一个高度竞争的金融市场里，如果银行制定较高的贷款利率，则供应商会向其他银行申请贷款，从而获得较低的贷款利率。注意当 $a < c_s(1+r_f) - \frac{w^2}{8k}$ 时，有 $w_s < \sqrt{8k(c_s(1+r_f) - a)}$，所以从式（5-4）可以看到，只有当 $a \geq c_s(1+r_f) - \frac{w^2}{8k}$ 时，银行才会贷款给供应商。

把式（5-11）代入式（5-10），式（5-10）可以重新写成：

$$q(w_s) = \frac{1}{4k}(w_s + \sqrt{w_s^2 - 8k(c_s(1+r_f) - a)}) \tag{5-12}$$

把式（5-11）和式（5-12）同时代入式（5-3），可得到 $\pi_s = \frac{1}{16k^2}(w_s + \sqrt{w_s^2 - 8k(c_s(1+r_f) - a)})^2 - a$。则供应商参与采购活动的约束 $\pi_s \geq 0$ 可以写成：

$$w_s + \sqrt{w_s^2 - 8k(c_s(1+r_f) - a)} \geq 4\sqrt{ka} \tag{5-13}$$

同样，合同制造商参与采购活动的约束为 $\pi_m \geq 0$，即 $w_m(1+$

r_m）$\geq c_m$。

预测到供应商的努力函数（5-12）和供应商与合同制造商的参与采购活动的条件，设备制造商将决策 w_m 和 w_s 来最大化自己的利润式（5-1）。显然，设备制造商会选择 $w_m = c_m/(1+r_m)$。为了方便，将用 q 作为设备制造商的决策变量。从式（5-12）可以得到，$w_s = 2kq + \dfrac{c_s(1+r_f)-a}{q}$，且供应商的约束式（5-13）可以写成 $q \geq \sqrt{\dfrac{a}{k}}$。则式（5-1）可以写成 $\pi_o = qw - 2kq^2 - (c_1-a)$。这样，设备制造商参与约束为 $qw \geq 2kq^2 + (c_1-a)$，即 $q_1 \leq q \leq q_2$，其中 $q_1 = \dfrac{w}{4k} - \dfrac{\sqrt{w^2-8k(c_1-a)}}{4k}$，$q_2 = \dfrac{w}{4k} + \dfrac{\sqrt{w^2-8k(c_1-a)}}{4k}$。所以设备制造商会向供应商采购的必要条件是 $a \geq c_1 - \dfrac{w^2}{8k}$。综合上述的讨论，设备制造商的问题为：

$$\max_q \ \pi_o = qw - 2kq^2 - (c_1-a), \ s.t. \ q \geq \sqrt{a/k}, \ q_1 \leq q \leq q_2$$

在没有约束的情况下，容易求得最优解为 $q = \dfrac{w}{4k}$。注意 $q_1 \leq \dfrac{w}{4k} \leq q_2$，所以当 $\dfrac{w}{4k} \geq \sqrt{\dfrac{a}{k}}$ 时，即 $a \leq \dfrac{w^2}{16k}$，均衡解 $q^{CA} = \dfrac{w}{4k}$。由于 $\pi_o = qw - 2kq^2 - (c_1-a)$，$\pi_m = w_m(1+r_m) - c_m$，$\pi_s = kq^2 - a$，且 $r_a = \dfrac{c_s(1+r_f)-a}{qc_s} + \dfrac{a}{c_s} - 1$，$w_s = 2kq + \dfrac{c_s(1+r_f)-a}{q}$，$w_m = \dfrac{c_m}{1+r_m}$。所以有 $r_a^{CA} = \dfrac{4k(c_s(1+r_f)-a)}{wc_s} + \dfrac{a}{c_s} - 1$，$w_s^{CA} = \dfrac{w}{2} + \dfrac{4k(c_s(1+r_f)-a)}{w}$，$w_m^{CA} = \dfrac{c_m}{1+r_m}$，且 $\pi_o^{CA} = \dfrac{w^2}{8k} - (c_1 -$

a），$\pi_m^{CA}=0$，$\pi_s=\dfrac{w^2}{16k}-a$。这就是引理 5-1（ii）的情况。

当 $\dfrac{w}{4k}<\sqrt{\dfrac{a}{k}}$ 时，即 $a>\dfrac{w^2}{16k}$，有以下两种情况：

如果 $\sqrt{\dfrac{a}{k}}\leqslant q_2$，即 $a\geqslant\dfrac{w^2-w\sqrt{w^2-4kc_1}}{2k}-c_1$，有 $q^{CA}=\sqrt{\dfrac{a}{k}}$。所以

有 $w_m^{CA}=\dfrac{c_m}{1+r_m}$，$w_s^{CA}=(c_s(1+r_f)+a)\sqrt{\dfrac{a}{k}}$，$r_a^{CA}=\sqrt{\dfrac{a}{k}}\cdot\dfrac{(c_s(1+r_f)-a)}{c_s}+$

$\dfrac{a}{c_s}-1$，且 $\pi_m^{CA}=\pi_s^{CA}=0$，$\pi_o^{CA}=w\sqrt{\dfrac{a}{k}}-(c_1+a)$。这就是引理 5-1

（iii）的情况。

如果 $\sqrt{\dfrac{a}{k}}>q_2$，即 $a<\dfrac{w^2-w\sqrt{w^2-4kc_1}}{2k}-c_1$ 且 $a>\dfrac{w^2}{16k}$，则没有 q

同时满足那两个限制条件。这样，设备制造商不会向供应商采购。所以有 $w_s^{CA}=w_m^{CA}=0$，$r_a^{CA}=\infty$，$q^{CA}=0$，且 $\pi_o^{CA}=\pi_m^{CA}=\pi_s^{CA}=0$。这就是引理 5-1（i）的情况。

证毕。

引理 5-2 的证明： 与引理 5-1 证明的类似，得到供应商的反映函数：

$$q(w_s,\ r_b)=\dfrac{1}{2k}(w_s+a-(1+r_b)c_s) \qquad (5\text{-}14)$$

把式（5-14）代入式（5-6），则式（5-6）可以写成 $\pi_s=\dfrac{1}{4k}(w_s-(1+r_b)c_s+a)^2-a$。所以供应商参与活动的约束为：

$$w_s\geqslant(1+r_b)c_s+2\sqrt{ka}-a \qquad (5\text{-}15)$$

同样地，合同制造商参与活动的约束为 $w_m(1+r_m)\geqslant c_m$。所

以设备制造商会选择 $w_m = c_m/(1+r_m)$。在这里，也以 q 作为设备制造商的决策变量。从式（5-14）可得，$w_s = 2kq + (1+r_b)c_s - a$，且式（5-15）可以写成 $q \geqslant \sqrt{a/k}$。所以设备制造商的利润可以写成 $\pi_o = qw - 2kq^2 - (c_2 - a)$。

所以把 c_2 换成 c_1，或 $c_s(1+r_o)$ 换成 $c_s(1+r_f)$，均衡产品质量 q^{CB}、w^{CB}、π_l^{CB} 都和引理 5-1 的结论一样。另外，(w_s^{CB}, r_b^{CB}) 满足 $w_s^{CB} = 2kq^{CB} + (1+r_b^{CB})c_s - a$。

证毕。

引理 5-3 的证明： 类似引理 5-1 的证明，可以得到银行贷款给供应商的条件是 $a \geqslant c_s(1+r_f) - w^2/(8k)$。同样也有供应商的参与约束为 $q \geqslant \sqrt{a/k}$。

由于 $w_s = 2kq + \dfrac{(1+r_f)c_s - a}{q}$，则可以得到合同制造商的利润 $\pi_m = qw_m - 2kq^2 - (c_3 - a)$。所以合同制造商的最优反应函数为 $q = w_m/(4k)$ 或者 $w_m = 4kq$。所以合同制造商的参与约束为 $q \geqslant \sqrt{(c_3 - a)/(2k)}$。

由于 $w_m = 4kq$，所以设备制造商的利润式（5-7）可以写成 $\pi_o = q(w - 4kq)$。则设备制造商向供应商和合同制造商采购的必要条件是 $q \leqslant w/(4k)$。结果，设备制造商的问题可以写成：

$$\max_q \pi_o = qw - 4kq^2, \quad s.t. \quad q \geqslant \sqrt{a/k}, \quad q \geqslant \sqrt{(c_3 - a)/(2k)},$$
$$q \leqslant w/(4k)$$

显然，无约束下的最优解是 $q = w_m/(8k)$。则可以得到均衡产品质量 $q = \max\left\{\dfrac{w}{8k}, \sqrt{\dfrac{a}{k}}, \sqrt{\dfrac{c_3 - a}{2k}}\right\}$。分析下面的四种情况：

当 $\dfrac{w}{8k} \geqslant \sqrt{\dfrac{a}{k}}$ 且 $\dfrac{w}{8k} \geqslant \sqrt{\dfrac{c_3 - a}{2k}}$ 时，即 $c_3 - \dfrac{w^2}{32k} \leqslant a \leqslant \dfrac{w^2}{64k}$，则有 $q^{TA} =$

$\dfrac{w}{8k}$。由于 $\pi_o = qw - 4kq^2$，$\pi_m = 2kq^2 - (c_3 - a)$，$\pi_s = kq^2 - a$，且 $w_s = 2kq +$

$\dfrac{(1+r_f)c_s - a}{q}$，$q^{TA} = \dfrac{w}{8k}$，$w_m = 4kq$，$r_a = \dfrac{c_s(1+r_f) - a}{qc_s} + \dfrac{a}{c_s} - 1$。则有 $w_s^{TA} =$

$\dfrac{w}{2}$，$w_s^{TA} = \dfrac{w}{4} + \dfrac{8k((1+r_f)c_s - a)}{w}$，$r_a^{TA} = \dfrac{8k(c_s(1+r_f) - a)}{wc_s} + \dfrac{a}{c_s} - 1$，且

$\pi_o^{TA} = \dfrac{w^2}{16k}$，$\pi_m^{TA} = \dfrac{w^2}{32k} - (c_3 - a)$，$\pi_s^{TA} = \dfrac{w^2}{64k} - a$。

当 $\sqrt{\dfrac{a}{k}} \geq \dfrac{w}{8k}$，$\sqrt{\dfrac{a}{k}} \geq \sqrt{\dfrac{c_3 - a}{2k}}$ 且 $\sqrt{\dfrac{a}{k}} \leq \dfrac{w}{4k}$ 时，即 $\max\left\{\dfrac{w^2}{64k}, \dfrac{c_3}{3}\right\} \leq a$

$\leq \dfrac{w^2}{16k}$，则有 $q^{TA} = \sqrt{\dfrac{a}{k}}$，$w_s^{TA} = 4\sqrt{ka}$，$w_s^{TA} = \sqrt{\dfrac{k}{a}}((1+r_f)c_s - a)$，$r_a^{TA} =$

$\sqrt{\dfrac{k}{a}}\dfrac{(c_s(1+r_f) - a)}{c_s} + \dfrac{a}{c_s} - 1$，且 $\pi_o^{TA} = w\sqrt{a/k} - 4a$，$\pi_m^{TA} = 3a - c_3$，$\pi_s^{TA} = 0$。

当 $\sqrt{\dfrac{c_3 - a}{2k}} \geq \dfrac{w}{8k}$，$\sqrt{\dfrac{c_3 - a}{2k}} \geq \sqrt{\dfrac{a}{k}}$ 且 $\sqrt{\dfrac{c_3 - a}{2k}} \leq \dfrac{w}{4k}$ 时，即 $c_3 - \dfrac{w^2}{8k} \leq$

$a \leq \min\left\{c_3 - \dfrac{w^2}{32k}, \dfrac{c_3}{3}\right\}$。则有，$q^{TA} = \sqrt{\dfrac{c_3 - a}{2k}}$，$r_a^{TA} = \sqrt{\dfrac{2k}{c_3 - a}}$

$\dfrac{(c_s(1+r_f) - a)}{c_s} + \dfrac{a}{c_s} - 1$，$w_s^{TA} = \sqrt{\dfrac{2k}{c_3 - a}}(c_3 - 2a)$，且 $\pi_o^{TA} = \sqrt{\dfrac{c_3 - a}{2k}} - 2$

$(c_3 - a)$，$\pi_m^{TA} = 0$，$\pi_s^{TA} = \dfrac{c_3 - 3a}{2}$。

当 $\sqrt{\dfrac{a}{k}} > \dfrac{w}{4k}$ 且 $a > \dfrac{w^2}{64k}$ 或 $\sqrt{\dfrac{c_3 - a}{2k}} > \dfrac{w}{4k}$ 且 $a < c_3 - \dfrac{w^2}{32k}$ 时，即 $a > \dfrac{w^2}{16k}$ 或

$a < c_3 - w^2/8k$，设备制造商不会向供应商采购产品。

证毕。

税收政策与企业融资策略研究

引理 5-4 的证明： 类似引理 5-2 的证明，有 $w_s = 2kq + (1+r_b) c_s - a$，也有供应商的参与约束为 $q \geq \sqrt{a/k}$。

类似地，可以得到合同制造商的利润 $\pi_m = q(w_m - 2kq - (1+r_b) c_s + a) - c_m$。则有合同制造商的反映函数为 $q = \dfrac{w_m - (1+r_b) c_s + a}{4k}$，或 $w_m = 4kq + (1+r_b) c_s - a$。所以合同制造商的参与约束为 $q \geq \sqrt{c_m/(2k)}$。

合同制造商的利润式（5-9），变成 $\pi_o = qw - 4kq^2 - (c_4 - a)$。所以设备制造商的参与约束为 $qw \geq 4kq^2 + (c_4 - a)$，即 $q_3 \leq q \leq q_4$，其中 $q_3 = \dfrac{w}{8k} - \dfrac{\sqrt{w^2 - 16k(c_4 - a)}}{8k}$，$q_4 = \dfrac{w}{8k} + \dfrac{\sqrt{w^2 - 16k(c_4 - a)}}{8k}$。所以其向供应商采购的必要条件是 $a \geq c_4 - \dfrac{w^2}{16k}$。结果，设备商的问题可以写成：

$$\max_q \ \pi_o = qw - 4kq^2 - (c_4 - a), \quad s.t. \ q \geq \sqrt{a/k},$$
$$q \geq \sqrt{c_m/(2k)}, \quad q_3 \leq q \leq q_4$$

显然，无约束下的最优解是 $q = w_m/(8k)$。则可以得到均衡产品质量 $q = \max\left\{ \dfrac{w}{8k}, \sqrt{\dfrac{a}{k}}, \sqrt{\dfrac{c_m}{2k}} \right\}$。分析下面的四种情况：

当 $\dfrac{w}{8k} \geq \sqrt{\dfrac{a}{k}}$ 且 $\dfrac{w}{8k} \geq \sqrt{\dfrac{c_m}{2k}}$ 时，即 $a \leq \dfrac{w^2}{64k}$ 且 $c_m \leq \dfrac{w^2}{32k}$，有 $q^{TB} = \dfrac{w}{8k}$。由于 $\pi_o = qw - 4kq^2 - (c_4 - a)$，$\pi_m = 2kq^2 - c_m$，$\pi_s = kq^2 - a$，则有 $\pi_o^{TB} = \dfrac{w^2}{16k} - (c_4 - a)$，$\pi_m^{TB} = \dfrac{w^2}{32k} - c_m$，$\pi_s^{TB} = \dfrac{w^2}{64k} - a$。

当 $\sqrt{\dfrac{a}{k}} \geq \dfrac{w}{8k}$，$\sqrt{\dfrac{a}{k}} \geq \sqrt{\dfrac{c_m}{2k}}$ 且 $\sqrt{\dfrac{a}{k}} \leq q_4$ 时，即 $\dfrac{w^2 + w\sqrt{w^2 - 12kc_4}}{18k} -$

148

$$\frac{c_4}{3} \geqslant a \geqslant \max\left\{\frac{w^2}{64k},\ \frac{c_m}{2},\ \frac{w^2-w\sqrt{w^2-12kc_4}}{18k}-\frac{c_4}{3}\right\},\ 有\ q^{TB}=\sqrt{a/k},\ 且$$

$$\pi_o^{TB}=w\sqrt{a/k}-4a-(c_4-a),\ \pi_m^{TB}=2a-c_m,\ \pi_s^{TB}=0。$$

当 $\sqrt{\dfrac{c_m}{2k}}\geqslant\dfrac{w}{8k}$，$\sqrt{\dfrac{c_m}{2k}}\geqslant\sqrt{\dfrac{a}{k}}$ 且 $\sqrt{\dfrac{c_m}{2k}}\leqslant q_4$ 时，即 $2c_m+c_4-w\sqrt{\dfrac{c_m}{2k}}\leqslant$

$a\leqslant\dfrac{c_m}{2}$ 且 $c_m>\dfrac{w^2}{32k}$，则 $q^{TB}=\sqrt{\dfrac{c_m}{2k}}$，且 $\pi_o^{TB}=w\sqrt{\dfrac{c_m}{2k}}-2c_m-(c_4-a)$，$\pi_m^{TB}=$

0，$\pi_s^{TB}=c_m/2-a$。

当 $\sqrt{\dfrac{a}{k}}>q_4$ 或 $\sqrt{\dfrac{c_m}{2k}}>q_4$，设备制造商不会向供应商采购产品。

另外，$(w_s^{TB},\ r_b^{TB})$ 满足 $w_s^{TB}=4kq^{TB}+(1+r_b^{TB})c_s-a$，$w_s^{TB}=w_m^{TB}-w/4$。

证毕。

条件 5-1： 在委托采购策略下，r_o 满足 $r_o\geqslant r_f-\Delta_1$ 且 $r_o\geqslant r_f-\Delta_2$，其中 $\Delta_1=\dfrac{1}{c_s}\cdot\left(\dfrac{w^2}{16k}-c_m\right)$ 且 $c_m\leqslant\dfrac{w^2}{32k}$，$\Delta_2=\dfrac{1}{c_s}\left(\dfrac{w^2}{8k}+c_m-w\sqrt{\dfrac{c_m}{2k}}\right)$ 且 $c_m>\dfrac{w^2}{32k}$。

条件 5-2：（i）$\max\left\{c_3-\dfrac{w^2}{8k},\ c_4-\dfrac{w^2}{16k}\right\}\leqslant a\leqslant\min\left\{c_3-\dfrac{w^2}{32k},\ \dfrac{c_3}{3},\right.$

$\left.\dfrac{w^2}{64k}\right\}$，$c_m\leqslant\dfrac{w^2}{32k}$ 且 $r_o\leqslant r_f-\Delta_3$，其中 $\Delta_3=\dfrac{1}{c_s}\left(w\sqrt{\dfrac{c_3-a}{2k}}-c_s(1+r_f)+a-\right.$

$\left.2c_m-\dfrac{w^2}{16k}\right)$，或（ii）$\max\left\{c_3-\dfrac{w^2}{8k},\ c_4-\dfrac{w^2}{16k},\ \dfrac{w^2}{64k},\ \dfrac{c_m}{2},\right.$

$\left.\dfrac{w^2-w\sqrt{w^2-12kc_4}}{18k}-\dfrac{c_4}{3}\right\}\leqslant a\leqslant\min\left\{\dfrac{w^2+w\sqrt{w^2-12kc_4}}{18k}-\dfrac{c_4}{3},\ c_3-\dfrac{w^2}{32k},\right.$

$\left.\dfrac{c_3}{3}\right\}$，且 $r_o \leqslant r_f - \Delta_4$，其中 $\Delta_4 = \dfrac{1}{c_s} \cdot \left(w\sqrt{\dfrac{c_3-a}{2k}} - c_s(1+r_f) + a - 2c_m - w\right.$

$\left. \sqrt{\dfrac{a}{k}} + 4a \right)$，或（iii） $\max\left\{ c_3 - \dfrac{w^2}{8k}, \ 2c_m + c_4 - w\sqrt{\dfrac{c_m}{2k}} \right\} \leqslant a \leqslant \min$

$\left\{ c_3 - \dfrac{w^2}{32k}, \ \dfrac{c_3}{3}, \ \dfrac{c_m}{2} \right\}$，$c_m \leqslant \dfrac{w^2}{32k}$ 且 $r_o \leqslant r_f - \Delta_5$，其中 $\Delta_5 = \dfrac{1}{c_s}\left(w\sqrt{\dfrac{c_3-a}{2k}} - \right.$

$\left. c_s(1+r_f) - w\sqrt{\dfrac{c_m}{2k}} \right)$，或（iv） $a < c_3 - \dfrac{w^2}{8k}$。

条件 5-3：（i） $\max\left\{ c_1 - \dfrac{w^2}{8k}, \ c_3 - \dfrac{w^2}{32k} \right\} \leqslant a \leqslant \dfrac{w^2}{64k}$，且 $r_o \geqslant r_m + $

Δ_6，其中 $\Delta_6 = \dfrac{1+r_m}{c_m} \cdot \left(\dfrac{w^2}{16k} - c_3 + a \right)$，或（ii） $\max\left\{ c_1 - \dfrac{w^2}{8k}, \ \dfrac{w^2}{64k}, \right.$

$\left. \dfrac{c_3}{3} \right\} \leqslant a \leqslant \dfrac{w^2}{16k}$，且 $r_o \geqslant r_m + \Delta_7$，其中 $\Delta_7 = \dfrac{1+r_m}{c_m} \cdot \left(\dfrac{w^2}{8k} - c_3 + 5a \right)$，或

（iii） $\max\left\{ c_1 - \dfrac{w^2}{8k}, \ c_3 - \dfrac{w^2}{8k} \right\} \leqslant a \leqslant \min\left\{ c_3 - \dfrac{w^2}{32k}, \ \dfrac{c_3}{3}, \ \dfrac{w^2}{16k} \right\}$，且 $r_o \geqslant r_m + $

Δ_8，其中 $\Delta_8 = \dfrac{1+r_m}{c_m}\left(\dfrac{w^2}{16k} - w\sqrt{\dfrac{c_3-a}{2k}} + c_3 - a \right)$，或（iv） $a < c_1 - \dfrac{w^2}{8k}$。

条件 5-4：（i） $\max\left\{ c_2 - \dfrac{w^2}{8k}, \ c_4 - \dfrac{w^2}{16k} \right\} \leqslant a \leqslant \dfrac{w^2}{64k}$，$c_m \leqslant \dfrac{w^2}{32k}$ 且

$r_o \geqslant r_m + \Delta_9$，其中 $\Delta_9 = \dfrac{1+r_m}{c_m}\left(\dfrac{w^2}{16k} - c_m \right)$，或（ii） $\max\left\{ c_2 - \dfrac{w^2}{8k}, \ c_4 - \right.$

$\left. \dfrac{w^2}{16k}, \ \dfrac{w^2}{64k}, \ \dfrac{c_m}{2}, \ \dfrac{w^2 - w\sqrt{w^2 - 12kc_4}}{18k} - \dfrac{c_4}{3} \right\} \leqslant a \leqslant \min\left\{ \dfrac{w^2}{16k}, \right.$

$\left. \dfrac{w^2 + w\sqrt{w^2 - 12kc_4}}{18k} - \dfrac{c_4}{3} \right\}$，且 $r_o \geqslant r_m + \Delta_{10}$，其中 $\Delta_{10} = \dfrac{1+r_m}{c_m}\left(\dfrac{w^2}{8k} - \right.$

$$w\sqrt{\frac{a}{k}}-c_m+4a\Bigg)，或（iii）\max\left\{c_2-\frac{w^2}{8k},\ 2c_m+c_4-w\sqrt{\frac{c_m}{2k}}\right\}\leqslant a\leqslant \min$$

$$\left\{\frac{w^2}{16k},\ \frac{c_m}{2}\right\}，且\ r_o\geqslant r_m+\Delta_{11}，其中\ \Delta_{11}=\frac{1+r_m}{c_m}\left(\frac{w^2}{8k}-w\sqrt{\frac{c_m}{2k}}+c_m\right)，或$$

（iv）$a<c_2-\dfrac{w^2}{8k}$。

引理 5-5： 在各自给定的条件下，有

（i）$\Delta_i\geqslant 0$，$i=1$，2，$\cdots$，11。

（ii）$\Delta_3\leqslant\Delta_1$，$\Delta_5\leqslant\Delta_2$。

（iii）Δ_i，$i=1$，2，$\cdots$，11 都是 c_s，c_m 的减函数；Δ_i，$i=6$，7，$\cdots$，11 是 a 的增函数。

引理 5-5 的证明：（i）很显然，$\Delta_1>0$，$\Delta_6>0$，$\Delta_9>0$。

由于在委托策略下，有 $c_m\leqslant\dfrac{w^2}{8k}$，所以 $c_m-w\sqrt{\dfrac{c_m}{2k}}$ 是 c_m 的减函数，有 $\Delta_2\geqslant 0$。

由于当 $a\geqslant c_3-\dfrac{w^2}{8k}$ 时，有 $w\sqrt{\dfrac{c_3-a}{2k}}+a$ 是 a 的减函数。则有

$$w\sqrt{\frac{c_3-a}{2k}}+a\geqslant\left(w\sqrt{\frac{c_3-a}{2k}}+a\right)\Bigg|_{a=c_3-\frac{w^2}{32k}}=\frac{w^2}{8k}+c_3-\frac{w^2}{32k}，又因为\ c_m\leqslant\frac{w^2}{32k}，$$

则 $\Delta_3\geqslant 0$。

由于当 $a\geqslant\dfrac{w^2}{64k}$ 时，$-w\sqrt{\dfrac{a}{k}}+4a$ 是 a 的增函数，又因为 $a\geqslant\dfrac{c_m}{2}$，

所以 $-w\sqrt{\dfrac{a}{k}}+4a\geqslant -w\sqrt{\dfrac{c_m}{2k}}+2c_m$，所以有 $c_s\Delta_4\geqslant w\sqrt{\dfrac{c_s(1+r_f)+c_m-a}{2k}}-$

$(c_s(1+r_f)-a)-w\sqrt{\dfrac{c_m}{2k}}$。因为当 $a\geqslant c_3-\dfrac{w^2}{8k}$ 时，$w\sqrt{\dfrac{c_s(1+r_f)+c_m-a}{2k}}-$

$(c_s(1+r_f)-a)$ 是 $c_s(1+r_f)-a$ 的增函数，又因为 $c_s(1+r_f)-a\geqslant 0$，所以 $\Delta_4\geqslant 0$。从而得到 $\Delta_5\geqslant 0$。

当 $a\leqslant\dfrac{w^2}{16k}$ 时，$w\sqrt{\dfrac{a}{k}}-2a$ 是 a 的增函数，则 $w\sqrt{\dfrac{a}{k}}-2a\leqslant\dfrac{w^2}{8k}$，所以当 $a\geqslant\dfrac{c_3}{3}$ 时，有 $\Delta_7\geqslant 0$。

当 $a\geqslant c_3-\dfrac{w^2}{8k}$ 时，$w\sqrt{\dfrac{c_3-a}{2k}}-(c_3-a)$ 是 a 的减函数，则有 $\Delta_8\geqslant 0$。

当 $a\geqslant\dfrac{c_m}{2}$ 时，有 $\dfrac{w^2}{8k}-w\sqrt{\dfrac{a}{k}}-c_m+4a\geqslant\dfrac{w^2}{8k}-\left(w\sqrt{\dfrac{a}{k}}-2a\right)$，而当 $a\leqslant\dfrac{w^2}{16k}$ 时，$w\sqrt{\dfrac{a}{k}}-2a$ 是 a 的增函数，则有 $w\sqrt{\dfrac{a}{k}}-2a\leqslant\dfrac{w^2}{8k}$，所以有 $\Delta_{10}\geqslant 0$。

由于 $c_m\leqslant\dfrac{w^2}{8k}$，则 $w\sqrt{\dfrac{c_m}{2k}}-c_m$ 是 c_m 的增函数，则有 $w\sqrt{\dfrac{c_m}{2k}}-c_m\leqslant\dfrac{w^2}{8k}$，所以 $\Delta_{11}\geqslant 0$。

（ii）当 $a\geqslant c_3-\dfrac{w^2}{8k}$ 时，$w\sqrt{\dfrac{c_3-a}{2k}}+a$ 是 a 的减函数。所以 $w\sqrt{\dfrac{c_3-a}{2k}}+a\leqslant\left(w\sqrt{\dfrac{c_3-a}{2k}}+a\right)\Bigg|_{a=c_3-\frac{w^2}{8k}}=\dfrac{w^2}{8k}+c_3$，所以有 $\Delta_3\leqslant\Delta_1$，$\Delta_5\leqslant\Delta_2$。

（iii）结合（i）的证明，直接验证可得。

证毕。

引理 5-6： 在控制采购策略下，分别记 Ω^{CA}、Ω^{CB} 为在银行

融资和买方融资下设备制造商向供应商采购时由 (a, c_s) 的组成区域，则有，

（i）如果 $r_o > r_f$，则 $\Omega^{CA} \Leftrightarrow \Omega^{CB}$，$q^{CA} \geqslant q^{CB}$，$\pi_l^{CA} \geqslant \pi_l^{CB}$。

（ii）如果 $r_o < r_f$，则 $\Omega^{CA} \subset \Omega^{CB}$，$q^{CA} \leqslant q^{CB}$，$\pi_l^{CA} \leqslant \pi_l^{CB}$。

（iii）如果 $r_o = r_f$，则 $\Omega^{CA} = \Omega^{CB}$，$q^{CA} = q^{CB}$，$\pi_l^{CA} = \pi_l^{CB}$。

引理 5-6 的证明：记 $c = c_s(1+r) + \dfrac{c_m(1+r_o)}{1+r_m}$，则 $a =$

$\dfrac{w^2 - w\sqrt{w^2 - 4kc}}{2k} - c$ 和 $a = c - \dfrac{w^2}{8k}$ 都是 c_s 的增函数。如果 $r_o > r_f$，有

$\Omega^{CA} \Leftrightarrow \Omega^{CB}$。所以当 $q^{CB} = \dfrac{w}{4k}$ 时，$q^{CA} = \dfrac{w}{4k}$；当 $q^{CB} = \sqrt{\dfrac{a}{k}}$ 时，$q^{CA} =$

$\sqrt{\dfrac{a}{k}}$；当 $q^{CB} = 0$ 时，$q^{CA} = 0$，$\sqrt{\dfrac{a}{k}}$ 或 $\dfrac{w}{4k}$。又因为 $\pi_o^{CA} = q^{CA}w - 2k$

$(q^{CA})^2 - (c_1 - a)$，$\pi_o^{CB} = q^{CB}w - 2k(q^{CB})^2 - (c_2 - a)$，$\pi_m^{Cj} = 0$，$\pi_s^{Cj} = k$

$(q^{Cj})^2 - a$。注意到 $c_1 < c_2$，所以有 $q^{CA} \geqslant q^{CB}$ 且 $\pi_l^{CA} \geqslant \pi_l^{CB}$。而当 $r_o \leqslant$

r_f 的结论可类似得到。

证毕。

定理 5-2 的证明：从引理 5-6 的结论可直接得到。

证毕。

引理 5-7：在委托采购策略下，分别记 Ω^{TA}、Ω^{TB} 为在银行融资和买方融资下设备制造商会向供应商采购由 (a, c_s) 的组成区域。则有，

（i）如果 r_o 满足条件 5-1，则 $\Omega^{TA} \Leftrightarrow \Omega^{TB}$；否则，$\Omega^{TA} \not\subset \Omega^{TB}$ 且 $\Omega^{TB} \not\subset \Omega^{TA}$。

（ii）如果 $(a, c_s) \in \Omega^{TA}$，则 $q^{TA} \geqslant q^{TB}$ 且 $\pi_s^{TA} \geqslant \pi_s^{TB}$；否则，$q^{TA} \leqslant q^{TB}$ 且 $\pi_s^{TA} \leqslant \pi_s^{TB}$。

（iii）如果 $(a, c_s) \in \Omega^{TB}$，则 $\pi_m^{TB} \geqslant \pi_m^{TA}$；否则，$\pi_m^{TB} \leqslant \pi_m^{TA}$。

（iv）如果 (a, r_o) 满足条件 5-2，则 $\pi_o^{TB} \geqslant \pi_o^{TA}$；否则，$\pi_o^{TB} \leqslant \pi_o^{TA}$。

引理 5-7 的证明：（i）注意 $a = \dfrac{w^2 + w\sqrt{w^2 - 12kc_4}}{18k} - \dfrac{c_4}{3}$ 和 $a = c_s$

在坐标轴 (a, c_s) 的交点坐标为 $\left(\dfrac{w^2}{k(4+r_o)^2}, \dfrac{w^2}{k(4+r_o)^2} \right)$。且 $a =$

$\dfrac{w^2 + w\sqrt{w^2 - 12kc_4}}{18k} - \dfrac{c_4}{3}$ 是 c_s 的减函数，所以 $a = \dfrac{w^2 + w\sqrt{w^2 - 12kc_4}}{18k} -$

$\dfrac{c_4}{3} \leqslant \dfrac{w^2}{k(4+r_o)^2} \leqslant \dfrac{w^2}{16k}$。所以总存在某个区域包含在 Ω^{TA}，而不包含

在 Ω^{TB} 中。

如果 $r_o \geqslant r_f - \Delta_1$，有 $a < c_3 - \dfrac{w^2}{8k} \leqslant c_4 - \dfrac{w^2}{16k}$，这是当 $c_m \leqslant \dfrac{w^2}{32k}$ 的情

况；如果 $r_o \geqslant r_f - \Delta_2$，有 $a < c_3 - \dfrac{w^2}{8k} \leqslant 2c_m + c_4 - w\sqrt{\dfrac{c_m}{2k}}$，这是当 $c_m > \dfrac{w^2}{32k}$

的情况。所以当 r_o 满足条件 5-1 时，有 $\Omega^{TA} \Leftrightarrow \Omega^{TB}$；否则，$\Omega^{TA} \not\subset$

Ω^{TB} 且 $\Omega^{TB} \not\subset \Omega^{TA}$。

（ii）从引理 5-3 和引理 5-4 的证明可知，$q^{TA} = \max\left\{ \dfrac{w}{8k}, \right.$

$\left. \sqrt{\dfrac{a}{k}}, \sqrt{\dfrac{c_3 - a}{2k}} \right\}$，$\pi_s^{TA} = k(q^{TA})^2 - a$，$q^{TB} = \max\left\{ \dfrac{w}{8k}, \sqrt{\dfrac{a}{k}}, \sqrt{\dfrac{c_m}{2k}} \right\}$，

$\pi_s^{TA} = k(q^{TB})^2 - a$，所以当 $(a, c_s) \in \Omega^{TA}$ 时，有 $q^{TA} \geqslant q^{TB}$ 且 $\pi_s^{TA} \geqslant$

π_s^{TB}。当 $(a, c_s) \notin \Omega^{TA}$ 时，$q^{TA} = 0 \leqslant q^{TB}$，$\pi_s^{TA} = 0 \leqslant \pi_s^{TB}$。

（iii）当 $(a, c_s) \in \Omega^{TB}$ 时，则 $\pi_m^{TA} = 2k(q^{TA})^2 - (c_s(1+r_f) - a) -$

$c_m \leq 2k(q^{TB})^2 - c_m = \pi_m^{TB}$。当 $(a, c_s) \notin \Omega^{TB}$ 时，$0 = \pi_m^{TB} \leq \pi_m^{TA}$。

（iv）由于 $q^{TA} = \max \left\{ \dfrac{w}{8k}, \sqrt{\dfrac{a}{k}}, \sqrt{\dfrac{c_3-a}{2k}} \right\}$，$q^{TB} = \max \left\{ \dfrac{w}{8k}, \right.$

$\left. \sqrt{\dfrac{a}{k}}, \sqrt{\dfrac{c_m}{2k}} \right\}$，且 $\pi_o^{TA} = q^{TA}w - 4k(q^{TA})^2$，$\pi_o^{TB} = q^{TB}w - 4k(q^{TB})^2 - (c_4 -$

$a)$。所以当 $q^{TA} = \dfrac{w}{8k}$ 时，$q^{TB} = \dfrac{w}{8k}$；当 $q^{TA} = \sqrt{\dfrac{a}{k}}$ 时，$q^{TB} = \sqrt{\dfrac{a}{k}}$。所以

当 $q^{TA} = \dfrac{w}{8k}$ 或 $\sqrt{\dfrac{a}{k}}$ 时，都有 $\pi_o^{TA} \geq \pi_o^{TB}$。从而只有当 $q^{TA} = \sqrt{\dfrac{c_3-a}{2k}}$ 或

$a < c_3 - \dfrac{w^2}{8k}$ 时，才有可能使得 $\pi_o^{TA} \leq \pi_o^{TB}$。下面考虑 $(a, c_s) \in \Omega^{TB}$，且

$c_3 - \dfrac{w^2}{8k} \leq a \leq \min \left\{ c_3 - \dfrac{w^2}{32k}, \dfrac{c_3}{3} \right\}$（即 $\pi_o^{TA} = \sqrt{\dfrac{c_3-a}{2k}} - 2(c_3-a)$）的情况。

有以下三种情况：

当 $q^{TB} = \dfrac{w}{8k}$ 时，有 $\pi_o^{TB} = \dfrac{w^2}{16k} - (c_4-a)$。则当 $r_o \leq r_f - \Delta_3$ 时，有

$\pi_o^{TA} \leq \pi_o^{TB}$。

当 $q^{TB} = \sqrt{\dfrac{a}{k}}$ 时，有 $\pi_o^{TB} = w\sqrt{a/k} - 4a - (c_4-a)$。则当 $r_o \leq r_f - \Delta_4$

时，有 $\pi_o^{TA} \leq \pi_o^{TB}$。

当 $q^{TB} = \sqrt{\dfrac{c_m}{2k}}$ 时，有 $\pi_o^{TB} = w\sqrt{\dfrac{c_m}{2k}} - 2c_m - (c_4-a)$。则当 $r_o \leq r_f - \Delta_5$

时，有 $\pi_o^{TA} \leq \pi_o^{TB}$。

所以当 (a, r_o) 满足条件 5-2 时，则 $\pi_o^{TA} \leq \pi_o^{TB}$；否则，$\pi_o^{TB} \leq$

π_o^{TA}。

证毕。

定理 5-3 的证明：结合引理 5-7 的证明和引理 5-5（i）与引理 5-5（iii）的结论即可得到。

证毕。

推论 5-1 的证明：由引理 5-5（ii）可知，$r_f-\Delta_1<r_o<r_f-\Delta_3$ 和 $r_f-\Delta_2<r_o<r_f-\Delta_5$。所以，存在同时满足条件 5-1 和条件 5-2 的 (a, r_o)。结合引理 5-7（i）、引理 5-7（ii）和引理 5-7（iv）即可得到结论。

定理 5-4 的证明：（i）当 $r_o \leqslant r_m$ 时，显然有 $\Omega^{CA} \Leftrightarrow \Omega^{TA}$。又由引理 5-7（i）的证明可知，$\Omega^{CB} \Leftrightarrow \Omega^{TB}$。从引理 5-1 和引理 5-4 的证明可知，$q^{Cj} \geqslant \dfrac{w}{4k} \geqslant q^{Tj}$。

（ii）如果 $r_o>r_m$，有 $c_1-\dfrac{w^2}{8k}>c_3-\dfrac{w^2}{8k}$。注意当 $a<c_1-\dfrac{w^2}{8k}$ 时，在控制采购和银行融资策略下，设备制造商不会向供应商采购，但在委托采购和银行融资下，有可能向供应商采购，所以有 $q^{CA}=0 \leqslant q^{TA}$。当 $c_m \leqslant \dfrac{w^2}{32k}$ 时，存在 $r_o>r_m$ 使得 $c_2-\dfrac{w^2}{8k}>c_4-\dfrac{w^2}{16k}$；当 $c_m>\dfrac{w^2}{32k}$ 时，存在 $r_o>r_m$ 使得 $c_2-\dfrac{w^2}{8k}>2c_m+c_4-w\sqrt{\dfrac{c_m}{2k}}$。所以当 $r_o>r_m$，且 $a<c_2-\dfrac{w^2}{8k}$，有 $q^{CB}=0 \leqslant q^{TB}$。证毕。

引理 5-8：在银行融资下，

（i）$\pi_m^{CA} \leqslant \pi_m^{TA}$。

（ii）如果 $r_o \leqslant r_m$，则 $\pi_s^{CA} \geqslant \pi_s^{TA}$，$\pi_o^{CA} \geqslant \pi_o^{TA}$。

（iii）如果 $r_o>r_m$，则有两种情况：

（a）当 $a<c_1-\dfrac{w^2}{8k}$ 时，则 $0=\pi_s^{CA} \leqslant \pi_s^{TA}$；否则 $\pi_s^{CA} \geqslant \pi_s^{TA}$。

（b）当 (a, r_o) 满足条件 5-3 时，$\pi_o^{CA} \leqslant \pi_o^{TA}$；否则，$\pi_o^{CA} \geqslant \pi_o^{TA}$。

引理 5-8 的证明：（i）$\pi_m^{CA} = 0 \leqslant \pi_m^{TA}$。

（ii）若 $(a, c_s) \in \Omega^{TA}$ 时，$q^{CA} = \dfrac{w}{4k}$。又因为 $\pi_o^{CA} = q^{CA}w - 2k$ $(q^{CA})^2 - (c_1 - a)$，$\pi_s^{CA} = k(q^{CA})^2 - a$，$\pi_o^{TA} = q^{TA}w - 2k(q^{TA})^2 - 2k(q^{TA})^2$，$\pi_s^{TA} = k(q^{TA})^2 - a$。注意到 $\sqrt{\dfrac{c_3 - a}{2k}} q^{TA} \leqslant \dfrac{w}{4k}$，且 $qw - 2k(q)^2$ 在区间 $q \in$ $\left(0, \dfrac{w}{4k}\right]$ 是单调递增的，所以当 $r_o \leqslant r_m$ 时，有 $\pi_s^{CA} \geqslant \pi_s^{TA}$，$\pi_o^{CA} \geqslant \pi_o^{TA}$。

（iii）从定理 5-4（iia）可得引理 5-8（iiia）。接着证明引理 5-8（iiib）。

显然，当 $a < c_1 - \dfrac{w^2}{8k}$ 时，有 $\pi_o^{CA} = 0 \leqslant \pi_o^{TA}$。注意 $\pi_o^{TA} > 0$ 的必要条件是 $a < \dfrac{w^2}{16k}$。下面考虑 $a < \dfrac{w^2}{16k}$ 和 $a \geqslant c_1 - \dfrac{w^2}{8k}$ 的情况。在这种情况下，$\pi_o^{CA} = \dfrac{w^2}{8k} - (c_1 - a)$。有以下三种情况：

当 $q^{TA} = \dfrac{w}{8k}$ 时，有 $\pi_o^{TB} = \dfrac{w^2}{16k}$。则当 $r_o \geqslant r_m + \Delta_6$ 时，有 $\pi_o^{CA} \leqslant \pi_o^{TA}$。

当 $q^{TA} = \sqrt{\dfrac{a}{k}}$ 时，有 $\pi_o^{TB} = w\sqrt{a/k} - 4a$。则当 $r_o \geqslant r_m + \Delta_7$ 时，有 $\pi_o^{CA} \leqslant \pi_o^{TA}$。

当 $q^{TA} = \sqrt{\dfrac{c_3 - a}{2k}}$ 时，有 $\pi_o^{TA} = w\sqrt{\dfrac{c_3 - a}{2k}} - 2(c_3 - a)$。则当 $r_o \geqslant r_m + $

157

Δ_8 时，有 $\pi_o^{CA} \leqslant \pi_o^{TA}$。

所以当 (a, r_o) 满足条件 5-3，有 $\pi_o^{CA} \leqslant \pi_o^{TA}$；否则，$\pi_o^{TB} \leqslant \pi_o^{TA}$。

证毕。

引理 5-9：在买方融资下，

（i） $\pi_m^{CB} \leqslant \pi_m^{TB}$。

（ii） 如果 $r_o \leqslant r_m$，则 $\pi_s^{CB} \geqslant \pi_s^{TB}$，$\pi_o^{CB} \geqslant \pi_o^{TB}$。

（iii） 如果 $r_o > r_m$，则有两种情况：

当 $a < c_2 - \dfrac{w^2}{8k}$ 时，则 $0 = \pi_s^{CB} \leqslant \pi_s^{TB}$；否则，$\pi_s^{CB} \geqslant \pi_s^{TB}$。

当 (a, r_o) 满足条件 5-4 时，$\pi_o^{CB} \leqslant \pi_o^{TB}$；否则，$\pi_o^{CB} \geqslant \pi_o^{TB}$。

引理 5-9 的证明：类似引理 5-8 的证明可得到。

证毕。

定理 5-5 的证明：由引理 5-8、引理 5-9 和引理 5-5（iii）可直接得到。

证毕。

推论 5-2 的证明：（i） 由定理 5-5 可得。

（ii） 由定理 5-4（ii）、引理 5-8（iiib） 和引理 5-9（iiib）可得。

证毕。

第6章
结论与展望

本书从上下游企业资金不足和供需不确定性的角度来研究资金约束供应链的决策问题。其中，上游核心企业或者银行贷款给下游资金约束企业的风险主要来自需求的不确定性；而下游核心企业或者银行贷款给上游资金约束企业的风险则主要来自供给的不确定。本章对全书的研究内容及研究结论进行了总结，提出了研究创新点，对未来的研究方向进行了展望。

6.1 研究结论

供应链常常会面临资金不足的困境。当资本市场是不完美时，企业的融资决策和运作决策是相关的。因此，本书研究了资本市场不完美情况下资金约束供应链的融资选择和决策情况。当下游企业存在资金不足时，有两种短期融资渠道：银行信用和贸易信用。在这种情况下，本书研究了破产成本和税收政策对供应链决策及利润的影响，其中需求是随机的，且考虑的是一个二级供应链。当上游的企业存在资金不足时，也有两种短期融资渠道：银行融资和贸易融资。在这种情况下，本书研究了下游核心企业如何选择采购策略的问题，其中供给是不确定的，且考虑的是一个三级供应链。另外，本书得到了当破产成本、税收和代理成本存在的情况下，融资决策和运作决策是相关的。具体如下：

在银行信用下，研究企业所得税和破产成本对供应链决策的问题，其中供应链包含一个上游的制造商和一个下游的资金约束零售商。当制造商的批发价是外生的时，零售商的最优订购量是其内部资本水平、企业所得税税率、恢复率和批发价的函数。得到零售商的订购量和利润是企业所得税税率的减函数，是恢复率的增函数。而资本水平如何对订购量和利润的影响则依赖于企业所得税税率和恢复率的大小。接着，进一步分析了批发价是内生的情形。其中，制造商是 Stackelberg 领导者，零售商是 Stackelberg 跟随者。利用数值计算表明，批发价是外生的主要结论在该情况下也成立。

在考虑银行信用和贸易信用的情形下，研究了营改增对资金约束供应链融资均衡的影响，其中供应链包含一个上游的生产性服务商和一个下游的资金约束制造商，服务商提供的服务是制造商的中间投入品。当只有一个信用可行时，分别研究两种税制对企业决策的影响。研究表明，不管在哪种信用下，企业的利润总是随着营业税或增值税税率的增加而减少。同时，在增值税税制下，增值税税率对供应链的决策没有影响。在银行信用下，增值税税制下的最优订购量大于营业税税制下的最优订购量。在贸易信用下，服务商在增值税税制下的利润总是大于其在营业税税制下的利润。当两种信用都可行时，贸易信用下服务商的最优投入品价格和制造商的订购量总是大于银行信用下的投入品价格和订购量。还有，当无风险利率较小且服务成本较高时，银行信用是唯一的融资均衡；否则，贸易信用是唯一的融资均衡。通过数值计算表明，不管在哪种信用下，增值税税制下的供应链效率总是比在营业税制下的供应链效率高，有利于促进供应链协调。所以，营改增有利于服务业的发展和提高供应链效率，这在一定程度上支撑了我国营改增的合理性。

在考虑银行融资和买方融资的情形下，研究下游核心企业采购策略的选择。该供应链包含一个上游的资金约束供应商、一个合同制造商和一个下游的核心设备制造商。首先，分别得到四种不同融资和采购策略下的均衡解，并比较了均衡产品质量和供应链利润。在控制采购策略下，如果设备制造商的资金成本大于（小于）无风险利率时，则银行融资下的均衡产品质量大于（小于）买方融资下的均衡产品质量，且所有企业偏好于银行（买方）融资。但是，在委托采购策略下，即使设备制造商的资金成本小于无风险利率，银行融资下的均衡产品质量也可能大于买方融资下的均衡产品质量。其次，在给定的融资策略下研究了供应链参与者对于采购策略的偏好情况。如果设备制造商的资金成本小于或等于合同制造商的资金成本，则设备制造商和供应商都偏好于控制采购策略；否则，设备制造商和供应商可能偏好于控制采购策略，也可能偏好于委托采购策略。但不管怎么样，合同制造商总是偏好于委托采购策略。

6.2　研究创新点

当供应链资金不足时，本书综合考虑了四种短期融资渠道：银行信用、贸易信用、银行融资和买方融资。把破产成本、税收和代理成本（资本市场是不完美的）引入资金约束供应链的研究中来。本书的研究结合了供应链管理、财务会计和金融的理论知识，通过建立博弈模型，得到了供应链运作和融资的联合最优决策。本书的研究成果可以为企业的决策和国家政策的制定提供借鉴。

第一，在资金约束供应链中同时引入破产成本和企业所得税。研究了破产成本和企业所得税如何影响供应链的决策及其利润。得到了零售商的最优订购量不仅依赖于其内部资本水平，而且依赖于恢复率和企业所得税税率。当考虑企业所得税时，资金约束零售商的债务不仅有利于其本身，也有利于其上游的制造商。特别地，当企业所得税税率较大时，零售商的订购量和制造商的利润都会比在经典报童模型下的情况下大。本书研究弥补了现有资金约束供应链研究中忽视企业所得税因素的局限性。

第二，考虑了税制的变化（营改增）对资金约束供应链融资均衡的影响，并探讨了营改增对供应链效率的影响。当下游的制造商资金不足时，营改增可以增加制造商的订购量和服务商的利润，且可以提高供应链效率。这在一定意义上支持了国家营改增的合理性。本书研究可以为国家政策的制定提供一些借鉴。国家在制定相关的税收政策时，必须要充分考虑银行贷款利率的水平，协调好财务部门和金融部门之间的关系，这样才能调动企业的积极性，从而增加供应链的绩效及全社会的福利。本书将税制的变化引入供应链的研究中来，扩展了供应链决策的研究视角。

第三，在资金约束供应链中引入了代理成本。在委托采购策略下，可以把设备制造商看作委托人，而把合同制造商看作代理人，这样必然会产生代理成本。当存在代理成本时，资本市场是不完美的，这样企业的运作决策就和融资决策相关了。本书研究可以为企业的采购决策和融资选择决策提供借鉴。下游核心企业在选择融资和采购策略时，要权衡好产品质量和其自身利润之间的关系。本书弥补了资金约束供应链对代理成本的研究。

6.3 研究展望

本书在考虑税收政策和采购策略的情况下，研究了资金约束供应链的决策问题，并得到了一些结论。作为财务、金融和企业运作的交叉研究，还有一些未来可以进一步研究的方向。

第一，本书都是假设在一个供应链中，仅有一个供应链参与者是资金不足的情形。但在现实中，可能存在两个或者更多的供应链参与者资金不足的情况。这时，仅利用一种短期融资模式可能是不够的。例如，在贸易信用下，上游企业可能要向银行申请银行信用，这样才能满足正常生产的要求，从而才能给下游的资金不足企业提供贸易信用。又如，在银行融资下，下游的核心企业在得到上游企业的产品时，可能不能马上直接付款给上游的企业，这时就需要上游的企业给下游的核心企业提供贸易信用。所以，有必要研究多个供应链参与者资金不足的情况。

第二，本书都是假设资金不足企业只能选择一种信用或融资的情况。但在现实中，资金不足的企业也许可以同时选择两种信用或两种融资模式。例如，下游的资金不足企业可以同时选择贸易信用和银行信用或上游的资金不足企业可以同时选择买方融资和银行融资。那么，在什么情况下，资金不足企业会同时选择两种融资渠道，同时选择两种融资渠道是不是可以提高供应链效率等问题都是值得研究的。

第三，本书都是假设信息是对称的。信息非对称会破坏莫迪尼亚尼—米勒理论的假设前提，使企业的融资决策与运作决策相关。一般来说，凭借对历史交易细节的了解和互动关系，供应链直接参与者会比银行等金融机构拥有更多的关于上下游企业的信息。所以可以预见的是，在存在不对称信息时，贸易信用或买方融资会比银行信用或银行融资具有更高的供应链效率。此外，由信息不对称所引起的道德风险和逆向选择问题也是值得研究的方向。

第四，本书假设税率都是外生给定的，即本书的研究都是限制在供应链视角下的，而没有考虑国家对税率的决策问题。例如，国家制定的增值税税率是否能使供应链的效率达到最大化，如果不是，那税率该是多少呢？还有，对于国家来讲，它不仅仅要制定合理的税收政策来增强企业的活力和提高企业的利润，更重要的是，国家还要制定合理的税收政策让全社会（包含企业、政府和消费者）的福利最大化。又如，当前我国的增值税税率有很多档，对于不同的行业有不同的税率，这样的税收政策是否能让全社会获得最大的福利呢？如果不是，国家应该制定怎样的税收政策呢？

第五，本书仅仅涉及一小部分供应链金融方面的研究，供应链金融的产品模式大概可以分为应收类、预付类和存货类三类。本书的订单融资（银行融资）属于应收类融资模式；贸易信用属于应收账款，但本书假设上游企业是资金充足的，没有考虑上游企业通过应收账款去向金融机构融资（即应收账款融资或保理）；而银行信用和买方融资可以说没有真正涉及供应链金融的内容。所以，未来的研究可以考虑税收和采购策略会对供应链金融各个模式的运作造成怎样的影响。此外，本书都是假设银行市场是完全竞争的，即银行从贷款得到的预期利率等于无风险利率，还可以考虑银行市场不是完全竞争的情况。

第六，本书的结论都是基于博弈模型得到的。以后的研究可以利用二手数据进行计量研究，也可以从企业、银行等渠道收集数据直接进行实证研究。这都可以用来验证本书结论的有效性。而重要的是，在面对更复杂的问题时，可能很难直接用建立数学模型的方法进行研究。例如，本书考虑的供应链都是单渠道的，而现实中供应链可能是双渠道甚至是多渠道的；又如本书考虑的都是单期的决策问题，而现实中可能要考虑多期的问题。所以有必要用计量或者实证的方法来研究问题。

参考文献

［1］ Alan Y, Gaur V. Operational Investment and Capital Stracture under Asset Based Lending ［J］. Manufacturing & Service Operations Management, 2018, 20（4）: 637-654.

［2］ Amaral J, Billington C A, Tsay A A. Safeguarding the Promise of Production Outsourcing ［J］. Interfaces, 2006, 36（3）: 220-233.

［3］ Atanasova C V, Wilson N. Bank Borrowing Constraints and the Demand for Trade Credit: Evidence from Panel Data ［J］. Managerial and Decision Economics, 2003, 24（6-7）: 503-514.

［4］ Babich V, Kouvelis P. Introduction to the Special Issue on Research at the Interface of Finance, Operations, and Risk Management（iFORM）: Recent Contributions and Future Directions ［J］. Manufacturing & Service Operations Management, 2018, 20（1）: 1-18.

［5］ Babich V, Sobel M J. Pre-IPO Operational and Financial Decisions ［J］. Management Science, 2004, 50（7）: 935-948.

［6］ Babich V, Tang C S. Managing Opportunistic Supplier Product Adulteration: Deferred Payments, Inspection, and Combined

Mechanisms [J]. Manufacturing & Service Operations Management, 2012, 14 (2): 301-314.

[7] Barrot J N. Trade Credit and Industry Dynamics: Evidence from Trucking Firms [J]. The Journal of Finance, 2016, 71 (5): 1975-2016.

[8] Biais B, Gollier C. Trade Credit and Credit Rationing [J]. Review of Financial Studies, 1997, 10 (4): 903-957.

[9] Birge J R. OM Forum—Operations and Finance Interactions [J]. Manufacturing & Service Operations Management, 2015, 17 (1): 4-15.

[10] Boeing. Boeing, Citi start export-import bank supplier financing program [EB/OL]. [2021-09-08]. http://boeingmediaroom.com/2012-02-17-Boeing-Citi-Start-Export-Import-Bank-Supplier-Financing-Program.

[11] Bolandifar E, Kouvelis P, Zhang F. Delegation vs. Control in Supply Chain Procurement under Competition [J]. Production and Operations Management, 2016, 25 (9): 1528-1541.

[12] Bolduc. Time to Say Goodbye. Automative News Europe [EB/OL]. [2021-09-08]. http://www.autonews.com/article/20081208/ANE03/812079905/time-to-say-goodbye.

[13] Burkart M, Ellingsen T. In-kind Finance: A Theory of Trade Credit [J]. American Economic Review, 2004, 94 (3): 569-590.

[14] Buzacott J A, Zhang R Q. Inventory Management with Asset-Based Financing [J]. Management Science, 2004, 50 (9): 1274-1292.

［15］ Cai G, Chen X, Xiao Z. The Roles of Bank and Trade Credits: Theoretical Analysis and Empirical Evidence ［J］. Production and Operations Management, 2014, 23 (4): 583-598.

［16］ Chao X, Chen J, Wang S. Dynamic Inventory Management with Cash Flow Constraints ［J］. Naval Research Logistics, 2008, 55 (8): 758-768.

［17］ Chauffour J, Malouche M. Trade Finance During the 2008—2009 Trade Collapse: Key Take Aways ［R］. The World Bank: Washington, DC. USA, 2011.

［18］ Chen L, Lee H L. Sourcing Under Supplier Responsibility Risk: The Effects of Certification, Audit, and Contingency Payment ［J］. Management Science, 2017, 63 (9): 2795-2812.

［19］ Chen X. A Model of Trade Credit in a Capital-constrained Distribution Channel ［J］. International Journal of Production Economics, 2015 (159): 347-357.

［20］ Chen X, Cai G, Song J S. The Cash Flow Advantages of 3PLs as Supply Chain Orchestrators ［J］. Manufacturing & Service Operations Management, 2019, 21 (2): 435-451.

［21］ Chen Y J, Shum S, Xiao W. Should an OEM Retain Component Procurement When the CM Produces Competing Products? ［J］. Production and Operations Management, 2012, 21 (5): 907-922.

［22］ Chod J. Inventory, Risk Shifting, and Trade Credit ［J］. Management Science, 2017, 63 (10): 3207-3225.

［23］ Chod J, Lyandres E, Yang S A. Trade Credit and Supplier Competition ［J］. Journal of Financial Economics, 2019, 131 (2): 484-505.

［24］ Choi S C. Price Competition in a Channel Structure with a Common Retailer ［J］. Marketing Science, 1991, 10 (4): 110-129.

［25］ Dada M, Hu Q. Financing Newsvendor Inventory ［J］. Operations Research Letters, 2008, 36 (5): 569-573.

［26］ Danielson M G, Scott J A. Bank Loan Availability and Trade Credit Demand ［J］. The Financial Review, 2004 (39): 579-600.

［27］ de Véricourt F, Gromb D. Financing Capacity Investment Under Demand Uncertainty: An Optimal Contracting Approach ［J］. Manufacturing & Service Operations Management, 2018, 20 (1): 85-96.

［28］ Deng S, et al. Financing Multiple Heterogeneous Suppliers in Assembly Systems: Buyer Finance vs. Bank Finance ［J］. Manufacturing & Service Operations Management, 2018, 20 (1): 53-69.

［29］ Desai M A, Dyck A, Zingales L. Theft and Taxes ［J］. Journal of Financial Economics, 2007, 84 (3): 591-623.

［30］ Ding Q, Dong L, Kouvelis P. On the Integration of Production and Financial Hedging Decisions in Global Markets ［J］. Operations Research, 2007, 55 (3): 470-489.

［31］ Dyreng S D, Hanlon M, Maydew E L. Long-Run Corporate Tax Aviodance ［J］. The Accouting Review, 2008, 83 (1): 62-81.

［32］ Fudenberg D, Tirole J, Game Theory ［M］. Cambridge, MA: MIT Press, 1991.

［33］ Ge Y, Qiu J. Financial Development, Bank Discrimination and Trade Credit ［J］. Journal of Banking & Finance, 2007, 31 (2): 513-530.

［34］ Gong X, Chao X, Simchi – Levi D. Dynamic Inventory Control with Limited Capital and Short-term Financing ［J］. Naval Research Logistics, 2014, 61 (3): 184-201.

［35］ Guariglia A, Mateut S. Credit Channel, Trade Credit Channel, and Inventory Investment: Evidence from a Panel of UK Firms ［J］. Journal of Banking & Finance, 2006, 30 (10): 2835-2856.

［36］ Guo R, Lee H L, Swinney R. Responsible Sourcing in Supply Chains ［J］. Management Science, 2016, 62 (9): 2722-2744.

［37］ Gupta D, Wang L. A Stochastic Inventory Model with Trade Credit ［J］. Manufacturing & Service Operations Management, 2009, 11 (1): 4-18.

［38］ Harris M, Raviv A. The Theory of Capital Structure ［J］. The Journal of Finance, 1991, 46 (1): 297-355.

［39］ Hsu V N, Zhu K. Tax–Effective Supply Chain Decisions Under China's Export–Oriented Tax Policies ［J］. Manufacturing & Service Operations Management, 2011, 13 (2): 163-179.

［40］ Huang L, Song J S, Swinney R. Managing Social Responsibility in Multi-tier Supply Chains ［R］. Working Paper, 2015.

［41］ Huh W T, Park K S. Impact of Transfer Pricing Methods for Tax Purposes on Supply Chain Performance under Demand Uncertainty ［J］. Naval Research Logistics, 2013, 60 (4): 269-293.

［42］ Jensen M C, Meckling W H. Theory of the Firm: Managerial Behavior, Agency Cost and Ownership Structure ［J］. Journal of Financial Economics, 1976, 3 (4): 305-360.

［43］ Jing B, Chen X, Cai G G. Equilibrium Financing in a

Distribution Channel with Capital Constraint [J]. Production and Operations Management, 2012, 21 (6): 1090-1101.

[44] Karaer Ö, Kraft T, Khawam J. Buyer and Nonprofit Levers to Improve Supplier Environmental Performance [J]. Production and Operations Management, 2017, 26 (6): 1163-1190.

[45] Katehakis M N, Melamed B, Shi J J. Cash-Flow Based Dynamic Inventory Management [J]. Production and Operations Management, 2016, 25 (9): 1558-1575.

[46] Kayis E, Erhun F, Plambeck E L. Delegation vs. Control of Component Procurement Under Asymmetric Cost Information and Simple Contracts [J]. Manufacturing & Service Operations Management, 2013, 15 (1): 45-56.

[47] Klapper L, Laeven L, Rajan R. Trade Credit Contracts [J]. Review of Financial Studies, 2012, 25 (3): 838-867.

[48] Kouvelis P, Zhao W. The Newsvendor Problem and Price-Only Contract When Bankruptcy Costs Exist [J]. Production and Operations Management, 2011, 20 (6): 921-936.

[49] Kouvelis P, Zhao W. Financing the Newsvendor: Supplier vs. Bank, and the Structure of Optimal Trade Credit Contracts [J]. Operations Research, 2012, 60 (3): 566-580.

[50] Kouvelis P, Zhao W. Supply Chain Contract Design Under Financial Constraints and Bankruptcy Costs [J]. Management Science, 2016, 62 (8): 2341-2357.

[51] Kouvelis P, Zhao W. Who Should Finance the Supply Chain? Impact of Credit Ratings on Supply Chain Decisions [J]. Manufacturing & Service Operations Management, 2018, 20 (1):

19-35.

[52] Lariviere M A, Porteus E L. Selling to the Newsvendor: An Analysis of Price-Only Contracts [J]. Manufacturing & Service Operations Management, 2001, 3 (4): 293-305.

[53] Lee C H, Rhee B D. Trade Credit for Supply Chain Coordination [J]. European Journal of Operational Research, 2011, 214 (1): 136-146.

[54] Lee H H, Zhou J, Wang J. Trade Credit Financing Under Competition and Its Impact on Firm Performance in Supply Chains [J]. Manufacturing & Service Operations Management, 2018, 20 (1): 36-52.

[55] Lee H, Tang C S. Manging Supply Chain with Contract Manufacturing [M] //H. Lee, S. Ng. Production and Operations Management Society Book Series. Florida: Productivn and Operations Management Society Publishevs, 1998.

[56] Li C. Sourcing for Supplier Effort and Competition: Design of the Supply Base and Pricing Mechanism [J]. Management Science, 2013, 59 (6): 1389-1406.

[57] Li L, Shubik M, Sobel M J. Control of Dividends, Capital Subscriptions, and Physical Inventories [J]. Management Science, 2013, 59 (5): 1107-1124.

[58] Li Y, Zhen X, Cai X. Trade Credit Insurance, Capital Constraint, and the Behavior of Manufacturers and Banks [J]. Annals of Operations Research, 2016, 240 (2): 395-414.

[59] Long M S, Malitz I B, Ravid S A. Trade Credit, Quality Guarantees, and Product Marketability [J]. Financial Management,

1993, 22 (4): 117-127.

[60] Luo W, Shang K. Joint Inventory and Cash Management for Multidivisional Supply Chains [J]. Operations Research, 2015, 63 (5): 1098-1116.

[61] Markusen J R. Trade in Producer Services and in Other Specialized Intermediate Inputs [J]. American Economic Review, 1989, 79 (1): 85-95.

[62] Mateut S, Bougheas S, Mizen P. Trade Credit, Bank Lending and Monetary Policy Transmission [J]. European Economic Review, 2006, 50 (3): 603-629.

[63] McAfee R P, McMillan J. Bidding for Contracts: A Principal Agent Analysis [J]. The RAND Journal of Economics, 1986, 17 (3): 326-338.

[64] Modigliani F, Miller M H. The Cost of Capital, Corporation Finance, and the Theory of Investment [J]. American Economic Review, 1958, 48 (3): 261-297.

[65] Modigliani F, Miller M H. Corporate Income Taxes and the Cost of Capital: A Correction [J]. American Economic Review, 1963, 53 (3): 433-443.

[66] Mu L, et al. Milking the Quality Test: Improving the Milk Supply Chain Under Competing Collection Intermediaries [J]. Management Science, 2016, 62 (5): 1259-1277.

[67] Nicholas W, Summers B. Trade Credit Terms Offered by Small Firms: Survey Evidence and Empirical Analysis [J]. Journal of Business Finance & Accounting, 2002, 29 (3-4): 317-351.

[68] Ning J, Sobel M J. Production and Capacity Management

with Internal Financing［J］. Manufacturing & Service Operations Management，2018，20（1）：147-160.

［69］Petersen M A，Rajan R G. Trade Credit：Theories and Evidence［J］. Review of Financial Studies，1997，10（3）：661-691.

［70］Peura H，Yang S A，Lai G. Trade Credit in Competition：A Horizontal Benefit［J］. Manufacturing & Service Operations Management，2017，19（2）：263-289.

［71］Reindorp M，Tanrisever F，Lange A. Purchase Order Financing：Credit Commitment and Supply Chain Consequences［J］. Operations Research，2018，66（5）：1287-1303.

［72］Ru J，Shi R，Zhang J. Does a Store Brand Always Hurt the Manufacturer of a Competing National Brand？［J］. Production and Operations Management，2015，24（2）：272-286.

［73］Seifert D，Seifert R W，Protopappa-Sieke M. A Review of Trade Credit Literature：Opportunities for Research in Operations［J］. European Journal of Operational Research，2013，231（2）：245-256.

［74］Shi R，Zhang J，Ru J. Impacts of Power Structure on Supply Chains with Uncertain Demand［J］. Production and Operations Management，2013，22（5）：1232-1249.

［75］Shunko M，Debo L，Gavirneni S. Transfer Pricing and Sourcing Strategies for Multinational Firms［J］. Production and Operations Management，2014，23（12）：2043-2057.

［76］Shunko M，Do H T，Tsay A A. Supply Chain Strategies and International Tax Arbitrage［J］. Production and Operations Management，2017，26（2）：231-251.

［77］ Smith J K. Trade Credit and Informational Asymmetry ［J］. Journal of Finance, 1987, 42 (4): 863-872.

［78］ Srinivasa Raghavan N R, Mishra V K. Short-term Financing in a Cash-constrained Supply Chain ［J］. International Journal of Production Economics, 2011, 134 (2): 407-412.

［79］ Tang C S, Yang S A, Wu J. Sourcing from Suppliers with Financial Constraints and Performance Risk ［J］. Manufacturing & Service Operations Management, 2018, 20 (1): 70-84.

［80］ Tang S Y, Gurnani H, Gupta D. Managing Disruptions in Decentralized Supply Chains with Endogenous Supply Process Reliability ［J］. Production and Operations Management, 2014, 23 (7): 1198-1211.

［81］ Tirole J. The Theory of Corporate Finance ［M］. Princeton, NJ: Princeton University Press, 2006.

［82］ Tomlin B. On the Value of Mitigation and Contingency Strategies for Managing Supply Chain Disruption Risks ［J］. Management Science, 2006, 52 (5): 639-657.

［83］ Tsao Y C. A Piecewise Nonlinear Optimization for a Production-inventory Model under Maintenance, Variable Setup Costs, and Trade Credits ［J］. Annals of Operations Research, 2013, 233 (1): 465-481.

［84］ Tunca T I, Zhu W. Buyer Intermediation in Supplier Finance ［J］. Management Science, 2018, 64 (12): 5631-5650.

［85］ Wang Y, Niu B, Guo P. The Comparison of Two Vertical Outsourcing Structures under Push and Pull Contracts ［J］. Production and Operations Management, 2014, 23 (4): 610-625.

[86] Webber S. Escaping the U. S. Tax System: From Corporate Inversions to Re-Domiciling [J]. Tax Notes International, 2011, 63 (4): 273-295.

[87] Webber S. The Tax-Efficient Supply Chain: Considerations for Multinationals [J]. Tax Notes International, 2011, 61 (2): 149-168.

[88] Xiao S, et al. Coordinating Contracts for a Financially Constrained Supply Chain [J]. Omega, 2017 (72): 71-86.

[89] Xiao W, Hsu V N, Hu Q. Manufacturing Capacity Decisions with Demand Uncertainty and Tax Cross-Crediting [J]. Manufacturing & Service Operations Management, 2015, 17 (3): 384-398.

[90] Xu J, Hsu V N, Niu B. The Impacts of Markets and Tax on a Multinational Firm's Procurement Strategy in China [J]. Production and Operations Management, 2018, 27 (2): 251-264.

[91] Xu X, Birge J R. Joint Production and Financing Decisions Modeling and Analysis [R]. Working Paper, 2004.

[92] Yang S A, Birge J R. Trade Credit, Risk Sharing, and Inventory Financing Portfolios [J]. Management Science, 2018, 64 (8): 3667-3689.

[93] Yang S A, Birge J R, Parker R P. The Supply Chain Effects of Bankruptcy [J]. Management Science, 2015, 61 (10): 2320-2338.

[94] Zhang Q, et al. Supply Chain Coordination with Trade Credit and Quantity Discount Incorporating Default Risk [J]. International Journal of Production Economics, 2014 (153): 352-360.

［95］ Zhong Y, et al. Optimal Trade Credit and Replenishment Policies for Supply Chain Network Design ［J］. Omega, 2017（73）: 1-12.

［96］陈敬贤, 梁樑. 外包环境下考虑产品质量的 OEM 采购战略决策 ［J］. 管理科学学报, 2018, 21（9）: 38-49.

［97］陈祥锋. 资金约束供应链中贸易信用合同的决策与价值 ［J］. 管理科学学报, 2013, 16（12）: 13-20.

［98］陈祥锋, 朱道立, 应雯珺. 资金约束与供应链中的融资和运营综合决策研究 ［J］. 管理科学学报, 2008, 11（3）: 70-77.

［99］陈晓光. 增值税有效税率差异与效率损失——兼议对"营改增"的启示 ［J］. 中国社会科学, 2013（8）: 67-84.

［100］顾乃华, 毕斗斗, 任旺兵. 生产性服务业与制造业互动发展: 文献综述 ［J］. 经济学家, 2006（6）: 35-41.

［101］胡怡建, 2013 中国财政发展报告——促进发展方式转变"营改增"研究 ［M］. 北京: 北京大学出版社, 2013.

［102］黄建辉, 叶飞, 周国林. 产出随机及贸易信用下农产品供应链农户决策与政府补偿价值 ［J］. 中国管理科学, 2018, 26（1）: 107-117.

［103］李超, 骆建文. 基于预付款的资金约束供应链收益共享协调机制 ［J］. 管理学报, 2016, 13（5）: 763-771.

［104］梁若冰, 叶一帆. 营改增对企业间贸易的影响: 兼论试点的贸易转移效应 ［J］. 财政研究, 2016（2）: 52-63.

［105］鲁其辉, 曾利飞. 供应链金钱听研究现状与评述 ［J］. 软科学, 2014, 28（4）: 131-134.

［106］罗春林, 田歆, 舒成. 基于税制"营改增"的时鲜产

品运营管理策略研究［J］.系统工程理论与实践，2015，35（7）：1726-1732.

［107］马中华，陈祥锋.筛选不同竞争类型零售商的贸易信用合同设计研究［J］.管理科学学报，2014，17（10）：13-23.

［108］平新乔，梁爽，郝朝艳，等.增值税与营业税的福利效应研究［J］.经济研究，2009（9）：65-80.

［109］宋华，供应链金融［M］.北京：中国人民大学出版社，2015.

［110］王文利，骆建文，张钦红.银行风险控制下的供应链订单融资策略研究［J］.中国管理科学，2013，21（3）：71-78.

［111］王艺明，刘志红，郑东."营改增"的进出口效应分解：理论与实证研究［J］.经济学家，2016（2）：84-96.

［112］吴家曦，李华燊.浙江省中小企业转型升级调查报告［J］.管理世界，2009（8）：1-5.

［113］肖肖，骆建文.面向资金约束制造商的双渠道供应链融资策略［J］.系统管理学报，2016，25（1）：121-128.

［114］谢家平，董国姝，张为四，等.基于税盾效应的供应链贸易信用融资优化决策研究［J］.中国管理科学，2018，26（5）：62-73.

［115］岳树民，肖春明."营改增"对上市公司债务融资的效应分析［J］.中央财经大学学报，2017（9）：13-21.

［116］赵海峰，何青，TSEE.考虑采购资金约束的物流服务能力采购决策［J］.管理科学学报，2017，20（5）：102-110.

［117］钟远光，周永务，李柏勋，等.供应链融资模式下零售商的订货与定价研究［J］.管理科学学报，2011，14（6）：57-67.